INFORMÁTICA, INTERNET E APLICATIVOS

informática, _ internet _ e...

Cícero Caiçara Junior
Wanderson Stael Paris

...aplicativos _

EDITORA
IBPEX

EDITORA IBPEX
Av. Vicente Machado, 317_14º andar
Centro_CEP 80420-010_Curitiba_PR_Brasil
Tel.: (041) 2103-7306
www.editoraibpex.com.br
editora@editoraibpex.com.br

editor-chefe_Lindsay Azambuja

editores-assistentes_Adriane Ianzen, Jerusa Piccolo

editor de arte_Raphael Bernadelli

análise de informação_Jerusa Piccolo

revisão de texto_Schirley H. de Gois Hartmann

capa_Denis Kaio Tanaami

projeto gráfico_Raphael Bernadelli

diagramação_Mauro Bruno Pinto

conselho editorial_Dr. Ivo José Both (presidente)
_Dr.ª Elena Godoy
_Dr. José Raimundo Facion
_Dr. Nelson Luís Dias
_Dr. Ulf G. Baranow

C133i   Caiçara Junior, Cícero
           Informática, internet e aplicativos / Cícero Caiçara
           Junior, Wanderson Stael Paris. – Curitiba: Ibpex, 2007.
           267 p. : il.

           ISBN 85-87053-32-9

           1. Informática. 2. Internet. 3. Redes de computadores.
           4. Tecnologia da informação. I. Paris, Wanderson Stael.
           II. Título.

                                                  CDD 004.6
                                                    20.ed.

Foi feito o depósito legal.
5ª reimpressão, 2010.

Informamos que é de inteira responsabilidade do autor a emissão de conceitos.

Nenhuma parte desta publicação poderá ser reproduzida por qualquer meio ou forma sem a prévia autorização da Editora Ibpex.

A violação dos direitos autorais é crime estabelecido na Lei nº 9.610/98 e punido pelo art. 184 do Código Penal.

Esta obra é utilizada como material didático nos cursos oferecidos pelo Grupo Uninter.

À Sílvia e à Gilmara, pelo amor, pela compreensão e pelo incentivo contínuo na busca por novos desafios.

Aos nossos pais e familiares, que confiam plenamente em nosso trabalho e compartilham suas vidas conosco.

agradecimentos_

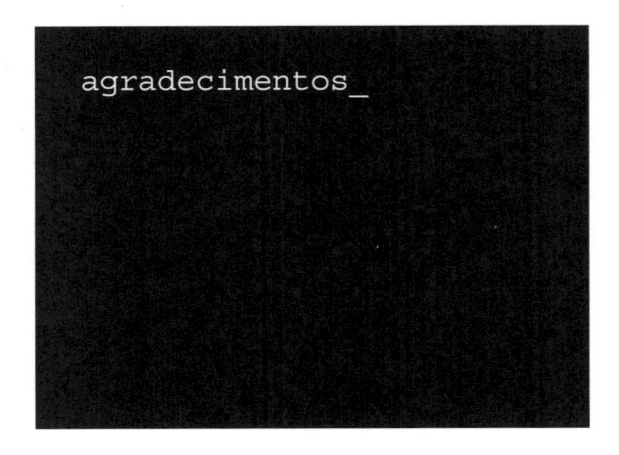

Queremos deixar registrados nossos agradecimentos a todos aqueles que, de alguma forma, contribuíram para a elaboração deste livro:

_ Aos nossos sócios da Primazia Consultores Associados, pelo apoio que nos deram, pela troca de experiências que conosco empreenderam e, principalmente, pela compreensão diante de nossas ausências.

_ Aos amigos Roberto, Clodoaldo, Kuroski e Marcelo, por terem contribuído com sua vivência profissional, adquirida ao longo de brilhantes carreiras, ligadas às áreas de *marketing* e propaganda, recursos humanos, gestão pública e financeira e comércio exterior, respectivamente.

_ À Editora Ibpex e seus colaboradores, pela orientação na condução desta obra.

_ A Deus, por ter-nos concedido a graça de concluir este grande desafio.

"..."

Os resultados são obtidos pelo aproveitamento das oportunidades e não pela solução de problemas. Os recursos precisam ser destinados às oportunidades e não aos problemas.

_Peter Drucker

apresentação

O desenvolvimento da informática constitui um marco na história da humanidade. Sua popularização provocou, e ainda provoca, drásticas mudanças em atividades de todos os segmentos empresariais e também na vida pessoal.

O objetivo deste livro é discutir os principais conceitos relacionados à informática e à internet, bem como apresentar os sistemas aplicativos mais utilizados.

Esta obra é resultado de nossa vivência de mais de 15 anos no envolvimento com esses temas, tanto nas empresas em que pudemos exercer funções de gerência e coordenação, quanto em nossa atuação como professores de graduação e pós-graduação e em atividades de consultoria. Uma extensa pesquisa bibliográfica também contribuiu para a elaboração deste livro, que se destina a todos os profissionais que utilizam as TI como suporte a processos operacionais e igualmente aos estudantes que vêm buscando uma maior capacitação na área de informática e internet.

Além de apresentarmos um fluxo lógico de idéias com o fim de facilitar a leitura, elaboramos uma estrutura pedagógica para motivar o leitor a guiar seu processo de aprendizagem. A obra está organizada em quatro partes e onze capítulos, sendo que cada capítulo se constitui de:

_ apresentação;

_ desenvolvimento do assunto por meio de uma linguagem de fácil entendimento, com a utilização de tabelas, quadros e figuras, objetivando atingir uma maior absorção do conteúdo pelo leitor;

_ revisão do conteúdo visto com a finalidade de dar suporte ao leitor e permitir-lhe a oportunidade de testar sua compreensão dos principais aspectos abordados;

_ questões para debate.

As partes são independentes, porém possuem um relacionamento didático orientado ao foco principal da obra. São elas

_ Parte I (capítulo 1): aborda conceitos referentes à tecnologia da informação por meio do estudo da (r)evolução da informática e da sociedade da informação; apresenta, ainda, a importância da informática inserida no contexto das principais áreas empresariais.

_ Parte II (capítulos 2 a 5): destaca os principais componentes da tecnologia da informação: *hardware*, *software*, banco de dados e redes de computadores.

_ Parte III (capítulos 6 a 8): apresenta como foco central das discussões a internet e todas as tecnologias associadas; são discutidos também aspectos relacionados à segurança na internet.

_ Parte IV (capítulos 9 a 11): trata dos principais *softwares* aplicativos (editor de textos, planilha eletrônica e *software* de apresentação) sob o enfoque de sua funcionalidade e utilização.

sumário_

parte_I introdução_à tecnologia_da_informação

0000_0001 = I = informática e_a_sociedade = 19

parte_II componentes_da_tecnologia_da_informação

0000_0010 = II = *hardware* = 55

0000_0011 = III = *software* = 79

0000_0100 = IV = *banco_de_ dados* = 95

0000_0101 = V = *redes_de_computadores* = 107

parte_III internet

0000_0110 = VI = histórico_e_evolução_da_internet = 127

0000_0111 = VII = conceitos_e_serviços_relacionados_à_internet = 139

0000_1000 = VIII = segurança_na_internet = 157

parte_IV aplicativos_de_escritório

0000_1001 = IX = editor_de_textos_(*microsoft_word*) = 173

0000_1010 = X = planilha_eletrônica_(*microsoft_excel*) = 207

0000_1011 = XI = criação_de_apresentações_no_*microsoft_powerpoint* = 235

parte_I

[introdução à tecnologia da informação]

Batista[1] define **tecnologia da informação** (do ravante TI) como "todo e qualquer dispositivo que tenha capacidade para tratar dados e/ou informações, tanto de forma sistêmica como esporádica, independentemente da maneira como é aplicada". Para Laudon e Laudon[2], "as tecnologias de informação contemporâneas vão além do computador isolado e abrangem redes de comunicações, equipamentos de fax, impressoras e copiadoras 'inteligentes', *workstations* (ou estações de trabalho), processamento de imagem, gráficos, multimídia e comunicações em vídeo". Nesta obra, utilizaremos o termo **tecnologia da informação** para nos referirmos a *hardware*, *software*, banco de dados e redes de computadores.

```
0000_0001 = I
```

informática
e_a_sociedade_

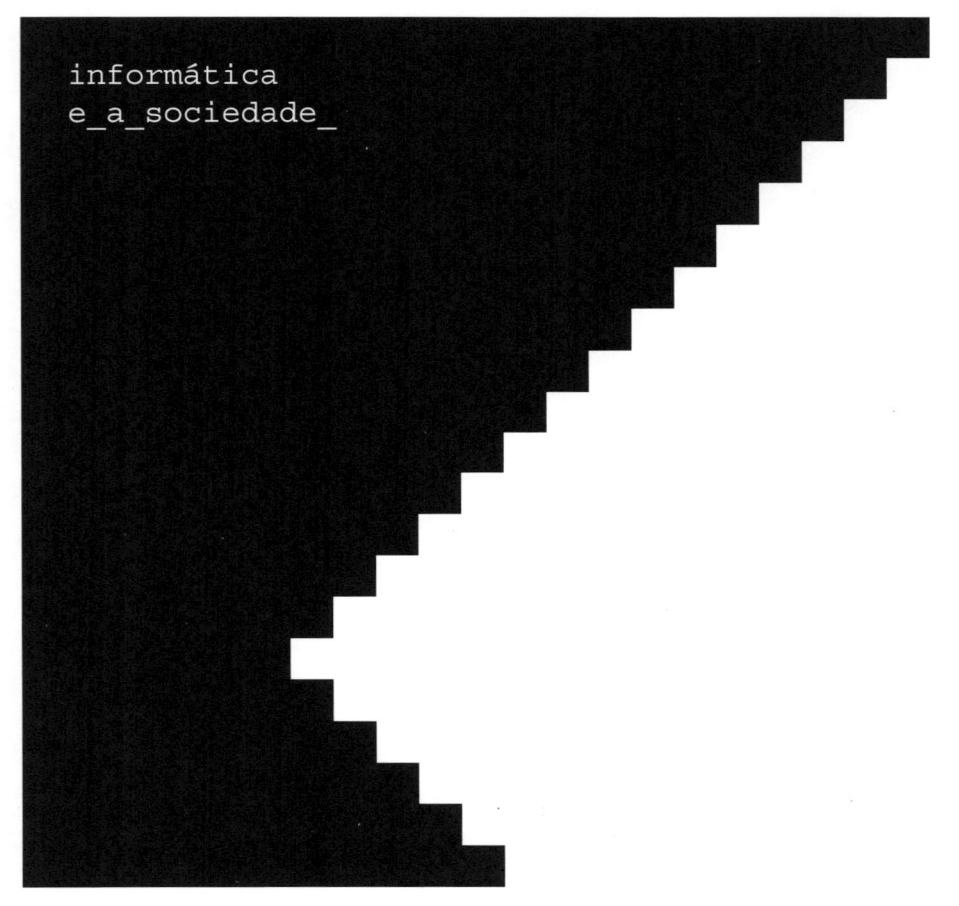

As
ocasiões
fazem
as
revoluções.

_Machado de Assis

Neste capítulo, procuramos descrever os impactos causados pela **(r)evolução** da informática na chamada **sociedade da informação** e em seus principais segmentos. Nosso objetivo é possibilitar ao leitor uma reflexão acerca das conseqüências advindas da inclusão da informática no cotidiano. O estudo deste capítulo capacitará o leitor a compreender a importância da inclusão digital e a discernir sobre os efeitos originados pelas inovações tecnológicas, principalmente as relacionadas à informática nos negócios, nas finanças, na administração pública, na indústria etc. Iniciaremos enfocando a (r)evolução da informática e, em seguida, apresentaremos um panorama do País no que diz respeito à sociedade da informação. Logo após, discutiremos as mudanças ocorridas nos principais segmentos da sociedade. As informações apresentadas neste capítulo foram reunidas a partir de experiências vivenciadas ao longo de nossa carreira profissional, bem como de consultas à bibliografia pertinente ao tema.

[a (r)evolução da informática]

A **(r)evolução da informática**, também chamada por muitos de **segunda revolução industrial**, acarreta inúmeras conseqüências para a sociedade, como o surgimento de novas formas de trabalho, alteração da carga de trabalho, consideráveis mudanças nos processos industriais, entre outras. Se, por um lado, causa desemprego, por outro, cria inúmeras novas oportunidades. Igualmente, ao mesmo tempo em que facilita as transações, impõe barreiras elementares, tanto relacionadas a novas tecnologias quanto à segurança.

O controle e o gerenciamento das informações também sofreram drásticas mudanças ao longo de sua história. Antigamente a área responsável pelo controle das informações de uma empresa era denominada **Centro de Processamento de Dados (CPD)**. Esses CPDs eram estruturas centralizadas em uma sala especial, climatizada e protegida contra intrusos, e os computadores utilizados eram chamados de *mainframes**.

Duas tecnologias contribuíram sobremaneira para que essa estrutura migrasse para um ambiente descentralizado: (a) o surgimento do PC (*Personal Computer*, ou computador pessoal) e (b) as redes de computadores, as quais permitiram que vários usuários de lugares diferentes e distantes pudessem acessar informações simultaneamente. Em virtude dessas novas tecnologias, ocorreu uma mudança na administração das empresas denominada *downsizing***. A partir desse momento, a informação desponta como um ativo valioso, e as organizações percebem que o emprego efetivo dessa ferramenta torna-as mais competitivas e dinâmicas.

Por último, destacamos a maior das (r)evoluções: a internet. Em um "espaço de 4 anos, (...) atingiu, nos EUA, 50 milhões de pessoas, quando a TV levou 13 anos, o computador pessoal, 16, e o rádio, 38, para atingir esse mesmo número."[1]

---

* *Mainframes*: grandes computadores com alto poder de processamento, utilizados em grandes CPDs e organizações de grande porte.
** *Downsizing*: migração da gestão das informações para um ambiente descentralizado.

Figura 1.1 - Evolução da internet *versus* outras mídias (50 milhões de usuários)

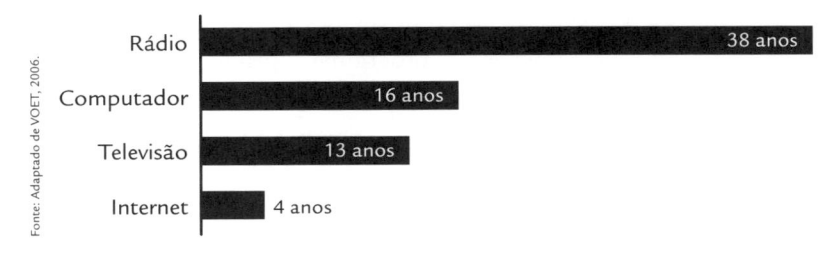

Mídia	Tempo
Rádio	38 anos
Computador	16 anos
Televisão	13 anos
Internet	4 anos

Fonte: Adaptado de VOET, 2006.

A saúde dos trabalhadores também é afetada por esta (r)evolução. Hoje uma das principais causas de afastamento dos postos de trabalho em funções administrativas e que exigem uso contínuo de equipamentos de informática é a **lesão por esforços repetitivos**, conhecida pela sigla **LER**. Mudanças na atual legislação brasileira que normatiza aspectos relacionados à saúde do trabalhador estão levando à substituição desse termo pela designação **distúrbio osteomuscular relacionado ao trabalho (Dort)**.

Muitas empresas, visando reduzir esse tipo de problema, investem em ginástica laboral, móveis e equipamentos ergonomicamente adequados. Apresentamos a seguir algumas orientações para evitar LER/Dort:

1. Manter as costas retas ao sentar.
2. Deixar os pés completamente no chão.
3. Manter os cotovelos alinhados com os pulsos.
4. Levantar-se a cada 50 minutos e procurar relaxar as mãos e os braços.
5. Utilizar móveis e periféricos, tais como teclados e *mouses* ergonômicos.
6. Caso se perceba alguma dor ou desconforto, procurar um especialista.

Podemos afirmar ainda que o impacto da internet no dia-a-dia das empresas e das pessoas é percebido em diversos momentos. Quanto à realidade empresarial, hoje é possível compartilhar as agendas de vários gerentes e reuni-los via videoconferência, em tempo real, estando cada um em sua filial, sem necessidade de deslocamentos. Também é possível a um vendedor conectar-se remotamente à empresa em que trabalha, acessar o estoque de produtos, programar a produção e finalizar uma transação de venda. No que diz respeito à vida cotidiana das pessoas, quando poderíamos imaginar a possibilidade de pagarmos contas sem sair de casa e, ao mesmo tempo, de nos comunicarmos com um familiar em outro país ou jogarmos xadrez com um adversário desconhecido em outro continente, enquanto enviamos nossa declaração de Imposto de Renda? Eis que surge a **sociedade da informação**.

[sociedade da informação]

Observando fatos da história recente, é possível notar as mudanças no comportamento da sociedade decorrentes do surgimento de artefatos tecnológicos como o telefone, o rádio, a televisão, os computadores e, mais recentemente, a internet. Há 100 anos, ninguém imaginava que o desenvolvimento tecnológico resultaria na emergência do que chamaos de **sociedade da informação**[2], a qual pode ser definida como "um estágio de desenvolvimento social caracterizado pela capacidade de seus membros (cidadãos, empresas e administração pública) de obter e compartilhar qualquer informação, instantaneamente, de qualquer lugar e da maneira mais adequada"[3]. Podemos visualizar a evolução das sociedades ao longo dos tempos, observando a Figura 1.2.

O volume de informações que circula no mundo causa uma sobrecarga informacional jamais imaginada. Gasino afirma que, "De acordo com uma pesquisa recente feita pela *Price Waterhouse*, o volume de conhecimento necessário para se manter atualizado no mundo dos negócios dobra a cada ano".[4]

Figura 1.2 – Evolução das sociedades modernas

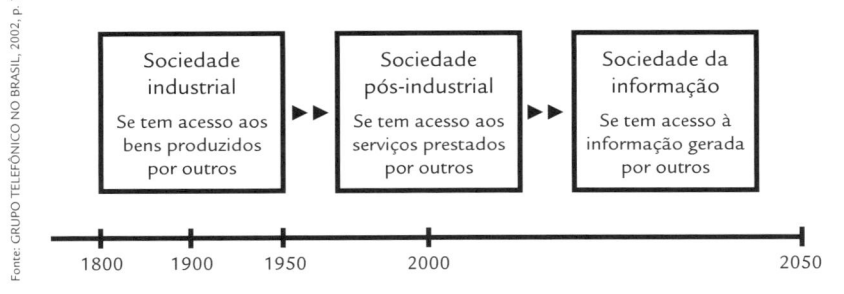

```
┌─────────────────┐    ┌─────────────────┐    ┌─────────────────┐
│    Sociedade    │    │    Sociedade    │    │   Sociedade da  │
│    industrial   │ ▶▶ │  pós-industrial │ ▶▶ │    informação   │
│                 │    │                 │    │                 │
│ Se tem acesso aos│    │ Se tem acesso aos│    │  Se tem acesso à│
│ bens produzidos │    │ serviços prestados│    │ informação gerada│
│    por outros   │    │    por outros   │    │    por outros   │
└─────────────────┘    └─────────────────┘    └─────────────────┘
```

|——|——|——|——|————————|
1800 1900 1950 2000   2050

Fonte: GRUPO TELEFÔNICO NO BRASIL, 2002, p. 17.

Desse modo, hoje, o conhecimento da informática e das tecnologias de comunicação (como, por exemplo, a internet) pode ser um grande diferencial na busca por novas oportunidades econômicas e ascensão profissional para qualquer cidadão. Mais do que isso, o não-domínio dessas tecnologias pode, inclusive, excluí-lo da sociedade. Em razão disso, muitos movimentos buscam democratizar o uso da informática no Brasil, promovendo a inclusão digital. Dentre os mais bem-sucedidos, podemos destacar o Comitê para Democratização da Informática (CDI), uma organização não governamental sem fins lucrativos, fundada em 1995, no Estado do Rio de Janeiro, que busca promover a inclusão social por meio da utilização da TI como um instrumento para a construção e o exercício da cidadania[5]. Hoje, o CDI possui escritórios em quase todos os estados do Brasil e, inclusive, em diversos países da América Latina, na África do Sul e nos EUA. Cada escritório é responsável pelo gerenciamento de grupos, denominados **Escolas de Informática e Cidadani**a (EIC), sendo criados espaços não formais de ensino, originários de parcerias com centros comunitários, entidades de classe, grupos religiosos, associações de moradores ou outros movimentos associativos.

Missão do CDI

> Promover a inclusão social de populações menos favorecidas, utilizando as tecnologias da informação e comunicação como um instrumento para a construção e o exercício da cidadania.

Outra entidade que contribui para o desenvolvimento da sociedade da informação no País é o Instituto Brasileiro de Informação em Ciência e Tecnologia (Ibict*), o qual busca, entre outros objetivos, facilitar o acesso de todos os cidadãos brasileiros a informações produzidas no Brasil e no exterior. Dentre seus principais produtos e serviços, destacamos:

_ a edição das revistas *Ciência da Informação* e *Inclusão Social*;
_ a implantação da Biblioteca Digital de Teses e Dissertações e de bibliotecas virtuais temáticas;
_ a criação e a manutenção do *site* do Canal Ciência.

Destacamos ainda o Observatório da Sociedade da Informação, órgão mantido pela Unesco** e que tem como objetivo acompanhar o desenvolvimento da sociedade da informação nos países de língua portuguesa.

[informática na gestão financeira]

A gestão financeira, empresarial ou pessoal, sempre teve a incumbência de garantir que os compromissos assumidos possam ser honrados a partir do recebimento de receitas, mantendo positivo o fluxo de caixa ao longo do tempo. Atender a essa exigência implica a sobrevivência do agente em questão. Assim, atentando-se para os aspectos empresariais, percebemos que uma adequada gestão financeira envolve muitos e complexos

---

* Para obter mais informações, acesse: http://www.ibict.br/
** Unesco: agência especializada da Organização das Nações Unidas.
 Para obter mais informações, acesse: http://osi.unesco.org.br/

fatores, alguns dos quais podem ser visualizados no quadro a seguir.

Quadro 1.1 – Fatores envolvidos na gestão financeira

Curto prazo	Caixa	Recebimento dos clientes
		Pagamento de fornecedores
		Pagamento de quadro de funcionários
		Pagamento de tributos
		Pagamento de empréstimos e financiamentos
		Resultado de serviços bancários
Longo prazo	Gestão	Análise contábil
		Gestão de custos
		Elaboração e execução de orçamento
	Investimentos	Análise de investimentos
		Avaliação de risco
		Estrutura e custo de capital

Todas essas atribuições sempre estiveram sob a responsabilidade da administração financeira. O que mudou significativamente ao longo das últimas duas décadas foram as ferramentas utilizadas para a execução dessas tarefas, principalmente em razão do advento da informática. Ressaltemos que, antes da popularização dos computadores pessoais, em meados dos anos de 1980, todos os cálculos e os documentos eram feitos manual e individualmente. Dessa forma, se algum erro fosse detectado ou alguma alteração ocorresse, havia a necessidade de refazer todos os cálculos derivados daquela incorreção ou mudança, além de alterar todos os documentos processados. Ou seja, era necessário contar com muito trabalho manual e envolver muitas pessoas, além de ser esse um processo sujeito a falhas e de difícil controle, devido ao fato de existirem muitas variáveis envolvidas.

Com o uso dos computadores pessoais, as planilhas manuais passaram a ser processadas em *softwares* específicos, os quais permitem a inter-relação entre diversas planilhas interligadas, de tal forma que, uma vez alterado o valor de uma variável, todas as planilhas que estão sendo processadas naquele computador são automaticamente atualizadas. Essa pode ser considerada a **primeira revolução** trazida pela informática para a gestão financeira, acarretando ganho significativo na eficiência dos processos, que passaram a ser muito mais rápidos e abrangentes.

Porém, embora o problema do cálculo financeiro tivesse sido facilitado com o uso das planilhas eletrônicas, outra questão ainda dificultava a gestão: como diferentes pessoas com diferentes atribuições, cada qual em seu próprio computador isolado, poderiam comunicar-se? Por exemplo: agendava-se o pagamento de um fornecedor contando-se com o recebimento de um cliente, sem saber que este havia solicitado o adiamento da quitação, ocasionando, assim, um saldo a descoberto no dia do pagamento, o que obrigava a empresa a recorrer a empréstimos de curto prazo em bancos.

Nesse contexto, são popularizadas, no final dos anos de 1980 e início dos de 1990, as redes de computadores, as quais podem ser consideradas a **segunda revolução** da informática na gestão financeira empresarial. A partir desse momento, o indivíduo passa a ter as suas atribuições realizadas com maior eficiência, e seu trabalho pode ser acessado por outro usuário que tenha interesse nessas informações ou delas dependa. Assim, o resultado como um todo torna-se mais controlado, em razão da possibilidade de se verificar a adequada correlação não apenas entre as planilhas de uma área, mas também entre as diversas planilhas de todas as outras áreas envolvidas, isto é, de todos os computadores que estejam conectados à rede.

O surgimento da internet causou também grande impacto na gestão financeira, pois, desse momento em diante, os diversos participantes do sistema financeiro (empresas, bancos, clientes e fornecedores) passaram a poder interagir automaticamente. A integração atinge, dessa forma, toda a cadeia do sistema financeiro de uma empresa, de tal sorte que o resultado não é válido apenas para a empresa, mas, sim, para todos os envolvidos no processo. Portanto, o advento da internet, que pode ser considerado a **terceira revolução** da informática na administração financeira, possibilitou um ganho de efetividade nos processos financeiros.

Atualmente é quase inimaginável pensar na gestão financeira de uma empresa sem a utilização das facilidades oferecidas pela informática. Pequenas empresas não podem abrir mão de seu controle financeiro por meio de planilhas eletrônicas e de comunicação pela internet. As grandes corporações, por sua vez, integram todos os seus processos internos (de produção, de *marketing*, de gestão de pessoas etc.) pela utilização de sistemas integrados de gestão, os chamados **ERPs** (*Enterprise Resource Planning*). Em suma, a gestão financeira eficiente, eficaz e efetiva só é possível em um ambiente com sistemas de informação e recursos de informática adequados.

[informática na gestão pública]

A gestão pública, mundialmente, tem tido um grande avanço em suas práticas em razão do advento da informática. A computação aplicada aos serviços públicos não só aumentou a eficiência dos processos e a acessibilidade aos usuários, como tornou mais transparentes as informações para o cidadão.

Num primeiro momento, o uso dos sistemas de informação e das redes de computadores possibilitou que o Estado passasse a padronizar e automatizar seus processos. Inicialmente tal automatização ocorreu justamente nas áreas fazendárias do governo, as quais são responsáveis pela arrecadação de tributos, implicando o aumento da receita pública. Ainda hoje, tais áreas são as que apresentam os maiores orçamentos para investimentos em TI.

De um modo quase que natural, em função dos bons resultados alcançados na área fazendária, o Estado passou a informatizar também os processos que envolvem o controle dos gastos; dessa forma, os dois lados das finanças públicas – entradas e saídas – ficaram automatizados. Paulatinamente, todos os demais setores, em todas as áreas do governo, passaram a fazer uso das ferramentas da informática, pois isso resulta em uma maior comunicação entre os setores e em um melhor controle dos gastos. Assim, podemos afirmar que o Estado, de início, investiu em informática por interesses próprios: tanto para aumentar suas receitas quanto para controlar e diminuir seus gastos.

Com tais investimentos, os processos administrativos públicos, sempre muito cercados de trâmites burocráticos e com infindáveis quantidades de documentos e papéis para cada etapa, puderam ser agilizados em razão da troca de arquivos eletrônicos por meio da tecnologia do EDI (*Eletronic Data Interchange*, ou intercâmbio eletrônico de dados). Isso, além de economia de tempo, possibilitou reduzir o número de materiais utilizados e de espaços físicos necessários para armazenamento de processos, diminuindo os custos totais.

O passo seguinte foi dado quando o Estado, depois de informatizado internamente, começou a estabelecer relações virtuais – *on-line* – com os cidadãos-usuários, possibilitando-lhes a solicitação de uma série de serviços diretamente em terminais próprios ou através da internet. Tal automatização permitiu uma maior integração desses serviços e, conseqüentemente, uma maior rapidez em sua execução. Isso resultou em uma desburocratização dos serviços públicos, os quais eram anteriormente dependentes da pré-disponibilidade do servidor quanto à sua execução. Com o *e-government*, ou governo eletrônico, os processos ficaram mais ágeis tanto pelo próprio uso da tecnologia em si, como pela mudança comportamental dos servidores, que viram na informática uma concorrência indireta na prestação dos serviços públicos, o que até então não havia. Tomemos como exemplo a facilidade atual na declaração de Imposto de Renda: hoje a maioria dos contribuintes preenche sua própria declaração, sem a necessidade de contratação dos serviços de um contador para isso e, muito menos, de favores de funcionários públicos. Casos como esse podem ser encontrados em vários serviços públicos da União, dos estados e dos municípios, tanto no Executivo quanto no Legislativo e no Judiciário.

Além disso, com o tempo, o cidadão usuário passou a ter maior acesso a informações sobre as ações do governo e maior poder de fiscalização. Os governantes começaram a ver na transparência um diferencial interessante a ser buscado e que representa uma boa relação com o cidadão e o eleitor. Já ao final dos anos de 1990, muitos órgãos públicos trabalhavam essa transparência de gestão, mas foi em 2000, com a aprovação da Lei de Responsabilidade Fiscal, que todos os gestores públicos no Brasil passaram a ser obrigados a publicar, via internet, relatórios de suas ações. Atualmente, todos os municípios, os estados e a União têm seus principais dados orçamentário-financeiros disponibilizados periodicamente para consulta popular, não ficando mais restritos apenas à fiscalização do Legislativo, do Tribunal de Contas ou do Judiciário. Desse modo, a informatização na gestão pública não só representou para o usuário uma facilidade de acesso aos serviços, como possibilitou um maior controle do gestor público diretamente por parte da sociedade.

Em suma, a informática permitiu um ganho para a própria gestão pública, por meio da maior eficiência de seus processos internos, bem como um ganho para a cidadania, através da facilidade de acesso a serviços pelos cidadãos e do acompanhamento realizado pela própria sociedade. Tais ganhos são considerados imprescindíveis na gestão pública contemporânea, havendo, inclusive, preocupações de organismos internacionais, como o Banco Interamericano de Desenvolvimento (Bird), em estimular e financiar projetos que contribuam para melhorar a arrecadação pública, controlar seus gastos, agilizar seus serviços e deixar a gestão transparente aos cidadãos.

[informática na gestão da logística]

A importância dos sistemas logísticos atingiu proporções significativas, sobretudo na década de 1990. Desde que passaram a ser tratados como um fator estratégico nos mercados mundiais, as organizações vêm despendendo muito esforço em promover a evolução de tais sistemas. Considerando-se que os processos logísticos são compostos por planejamento, execução e controle de subsistemas menores, como transporte, movimentação, abastecimento, armazenagem e disposição de materiais, fica evidenciada a necessidade de utilização de sistemas informatizados nesse setor.

Até alguns anos atrás, a logística era relegada a um segundo plano, sendo considerada um "mal necessário", e envolvia apenas o ambiente operacional das empresas. Com o desenvolvimento dos mercados internacionais e a ampliação dos níveis de exigência em relação aos serviços agregados aos sistemas produtivos, a partir de meados da década de 1970, a logística passou a ter uma conotação muito forte no ambiente tático empresarial. Já nos anos de 1990, sua importância ultrapassou as fronteiras internas da organização e alcançou o ambiente estratégico, exigindo uma maior atenção por parte dos empresários.

Assim, sistemas de radiocontrole computadorizados que permitem a identificação rápida de volumes e locais de segregação para o abastecimento de linhas de montagens praticamente eliminam as perdas oriundas de espera e movimentação e ainda oferecem um grande suporte aos setores de planejamento e controle de estoque e movimentação dentro da indústria.

Na área automobilística, a informatização dos sistemas logísticos subsidiou grandes avanços. Para exemplificar, podemos citar o fornecimento de alguns componentes para a linha de montagem das produtoras de veículos: o sistema do fornecedor está conectado às informações da linha de montagem do cliente e, a partir da identificação de necessidades dos tipos de materiais do processo cliente, o fornecedor tem 40 minutos para abastecer a linha com os modelos corretos, na quantidade e na seqüência corretas.

Os sistemas *milk run**, nos quais as coletas são feitas em vários fornecedores e as entregas em muitos clientes, sempre obedecendo às janelas de fornecimento e coleta determinadas, são muito utilizados hoje e dependem de planejamento e controle bem apurados para a garantia de seu sucesso. A informação deve ser rápida e precisa, processo viabilizado somente quando há apoio de um bom sistema informatizado.

Essas são apenas algumas das aplicações dependentes dos sistemas informatizados na área da logística. Pordemos afirmar que, face ao exposto, não são necessários grandes conhecimentos para entender a importância da TI nesse segmento de mercado.

---

* *Milk run*: coleta programada de peças diretamente no fornecedor.

[informática na gestão de sistemas produtivos industriais]

A indústria sofreu diversas transformações com o surgimento e o desenvolvimento da informática. Para um setor que depende de informações rápidas e precisas, como é o caso, é muito difícil imaginar seu funcionamento sem a utilização da informática.

Nos sistemas produtivos industriais, a TI está associada a todas as fases do processo produtivo, desde a elaboração do projeto do produto, passando pelas áreas de planejamento de processos, planejamento e controle da produção, automatização da produção e controle estatístico do processo produtivo, até a medição das características físicas do produto final e a interação plena com os requisitos do cliente. Além de influenciar nesses aspectos tático-operacionais, a TI interfere fortemente no sistema gestor por permitir um alinhamento mais preciso de informações, aumentando a eficácia na tradução de fatores gerados em um ambiente externo para a operacionalidade do ambiente interno. Assim, o alinhamento pleno entre os ambientes exógeno e endógeno provocou uma verdadeira revolução na gestão industrial.

Na área de projetos de concepção de produtos, os avanços são admiráveis. A simulação da utilização de um produto durante sua vida útil permite um refinamento valioso na qualidade de um projeto. Como seriam os cálculos, a precisão e o tempo de desenvolvimento de materiais associados à sua funcionalidade e durabilidade, se não houvesse a possibilidade de uso de uma base de cálculos assistidos pela estrutura de elementos finitos*? Sem sombra de dúvidas, podemos afirmar que o

---

* Elementos finitos: método matemático que aproxima um comportamento mecânico real.

grande avanço tecnológico gerado na segunda metade do século XX está fundamentado em alicerces suportados pela TI.

A simulação de cenários fabris no processo produtivo gera ainda uma grande economia na utilização de recursos. Um exemplo disso é o melhor aproveitamento de *layout* a partir de experiências que visam simular o seu funcionamento com base em programas que produzem um número elevadíssimo de cálculos dinâmicos, otimizar os recursos e eliminar drasticamente os desperdícios que envolvem o processo produtivo. Outro exemplo envolve os sistemas de planejamento do processo auxiliado por computador (CAPP), que promovem um perfeito alinhamento entre os processos de distribuição de carregamento de máquinas e os equipamentos, customizando sua utilização.

No apoio ao planejamento e ao controle de produção (PCP), a informática possibilita maior exatidão e melhora no tempo de resposta, aumentando cada vez mais a eficiência. Tal influência é vital para a sobrevivência de uma organização em um mercado globalizado e exigente como o de hoje.

A integração entre sistemas do tipo CAD, CAE, CAM e CIM* promove um incremento diferenciado na produção de bens tangíveis, gerando reduções substanciais na variabilidade do processo pela automatização completa dos sistemas produtivos. Assim, o aumento da produtividade obtida pela interação desses sistemas, bem como a garantia de produtos cuja qualidade beira a perfeição fazem da informática um elemento essencial à produção de alguns tipos específicos de produtos.

Além disso, o controle estatístico de processos em casos de produção automatizada depende sobremaneira de ferramentas de informática. A

---

* CAD: projeto auxiliado por computador; CAE: engenharia auxiliada por computador; CAM: manufatura auxiliada por computador; CIM: manufatura integrada por computador.

rapidez e a confiabilidade na aquisição e no processamento de dados correntes no processo de transformação conferem maior agilidade na detecção de desvios e em sua conseqüente correção.

Em relação à metrologia, os equipamentos de medição informatizados atingem níveis de precisão e confiabilidade que os sistemas mecânicos não são capazes de alcançar. Tal fator permite o tratamento de tolerâncias mais fechadas*, aumentando a aplicabilidade de determinados processos e produtos.

Como visto, um dos grandes responsáveis pelo atual nível de inovação tecnológica associado aos sistemas produtivos foi a informática. A perfeita interação entre os níveis estratégicos, táticos e operacionais favorece as organizações na sua atuação em um mercado altamente competitivo como o que vemos nos dias de hoje.

[informática no secretariado executivo]

O secretariado executivo é uma das áreas que mais têm sofrido transformações ao longo dos tempos. Com a necessidade de uso do computador pessoal, do *e-mail*, da internet, entre outras tecnologias modernas, houve um expressivo crescimento da demanda de novas habilidades e competências em relação ao profissional de secretariado. Dentre as principais funções de um(a) secretário(a) executivo(a), podemos destacar "o controle da agenda de compromissos do superior, o acompanhamento de reuniões e a redação de relatórios e correspondências, o atendimento do público interno e externo, o arquivamento de documentos, entre outras atividades da rotina específica do setor"[6]. O impacto da informática nas

---

* A todo processo de fabricação está associada uma tolerância (valores mínimo e máximo aceitáveis). Quando esses valores são muito próximos, a tolerância é dita **fechada**.

funções de secretariado executivo representa uma mudança que ocasiona, inclusive, uma alteração do perfil do profissional dessa área. Hoje, o domínio das TIs, dos sistemas de informações e da internet é uma competência essencial exigida pelas empresas contratantes e tão importante quanto o domínio de idiomas.

Podemos lembrar inicialmente que o surgimento do computador pessoal resultou em uma drástica mudança no secretariado, tornando as máquinas de datilografia quase obsoletas. Os antigos cursos de datilografia, exigência de qualquer empresa que contratava uma secretária ou secretário, foram substituídos por cursos de informática básica, aplicativos de escritório, sistemas de informações e internet. Hoje um profissional de secretariado executivo que domina a utilização de TIs consegue atender a mais executivos do que antigamente, com mais eficiência e com novas funções de gestão e controle.

Quadro 1.2 – Funções do secretariado executivo e as tecnologias da informática

Funções do secretariado executivo	Conhecimento de tecnologias da informática
Controle da agenda de compromissos	*Softwares* de agenda eletrônica, tais como *Microsoft Outlook*, *Lotus Notes* ou similar e intranet.
Acompanhamento de reuniões	*Software* de correio eletrônico, editores de texto e/ou *softwares* específicos para essa finalidade.
Redação de relatórios e correspondências	Editores de textos e seus recursos de mala direta, *templates* e tabelas; planilhas eletrônicas e *Workflow* (fluxo automatizado de trabalho).
Atendimento dos públicos interno e externo	*Software* de correio eletrônico, *intranet/extranet* e sistemas integrados de gestão (ERPs).
Arquivamento de documentos	*Software* de gestão eletrônica de documentos (GED), intranet e *Lotus Notes*.
Administração e aquisição de materiais	Sistemas integrados de gestão (ERPs) e sistemas de *E-Procurement* (compras eletrônicas).
Controle de treinamentos	Intranet e portais corporativos.

O quadro 1.2 aponta algumas funções exercidas atualmente no secretariado executivo, bem como as tecnologias que devem ser dominadas por um profissional dessa área para exercer tais funções com eficiência operacional.

[informática no *marketing* e na propaganda]

O impacto da informática no *marketing* e na propaganda pode ser identificado em várias atividades, desde as mais simples ações do mercado tradicional, tais como vendas, campanhas publicitárias e mala direta, até, modernamente, as ações do mercado eletrônico (*E-Business*), através da internet e de seus diversos serviços.

O *marketing* é a disciplina que tem por objetivo empreender ações entre empresas e consumidores que atendam às necessidades de ambos e, sobretudo, que os deixem satisfeitos. Para o consumidor, a satisfação pode ser alcançada quando um produto ou serviço é projetado de acordo com as suas expectativas e quando o preço cobrado é compatível com o valor percebido por esse mesmo consumidor. A satisfação pode ainda ser atingida quando a empresa divulga claramente os benefícios de uma determinada oferta e quando a distribuição permite ao consumidor encontrar o produto ou o serviço de forma conveniente, em um ponto de venda que tenha atmosfera agradável e com bom atendimento. Por outro lado, para uma empresa, a satisfação ocorre com a venda do produto ou serviço a um preço que lhe permita atingir seus objetivos financeiros. Além disso, a satisfação é obtida quando o seu esforço em reter clientes é bem-sucedido, pois são os clientes conquistados que falam espontaneamente da empresa para outras pessoas e que compram mais os seus produtos, sendo menos sensíveis a propagandas e promoções da concorrência.

Diante desse quadro, perguntamos: é possível para uma empresa hoje entregar satisfação a seus clientes e alcançar a sua própria satisfação por meio de trocas efetivas, prescindindo do uso da informática? A resposta é um definitivo "não". Para que entendamos melhor, portanto, o porquê do casamento entre *marketing* e informática, é importante perceber as interações existentes entre ambos em cada um dos passos do processo de *marketing*.

A coleta de informações em *marketing*

Um dos passos mais importantes do processo de *marketing* é a coleta de informações, a qual permite a revisão de estratégias de produtos e serviços que já sejam ofertados ao mercado ou a elaboração de toda a estrutura estratégica de *marketing* para um novo produto ou serviço. Essa etapa de coleta abrange a busca por informações provenientes dos seguintes campos:

1. Macroambiente de *marketing*: deste campo são extraídas informações relacionadas à economia, à política e às leis, à demografia, à sociedade e à cultura, à tecnologia e ao meio ambiente, com o objetivo de se entender como podem afetar o negócio, os produtos e os serviços da empresa.

2. Ambiente de mercado: neste campo se busca compreender o que o cliente efetivamente quer comprar, o que os concorrentes oferecem ao mercado e como fornecedores e distribuidores trabalham.

3. Ambiente interno: diz respeito à própria empresa e ao seu histórico (registros de vendas, campanhas de comunicação, resultados obtidos, processamento de pedidos e entregas e estocagem), permitindo a ela exercer controle mais efetivo sobre as suas atividades

de *marketing*. Além disso, a análise do ambiente interno possibilita avaliar os recursos humanos, tecnológicos, materiais e financeiros disponíveis para esforços de *marketing* adicionais.

Para tornar o processo de coleta mais refinado e preciso, foi desenvolvido o **sistema de informações de *marketing*** (**SIM**). Esse sistema é composto por quatro outros subsistemas – inteligência de **marketing**, pesquisa de **marketing**, registros internos e apoio a decisões –, que permitem coletar, selecionar, condensar, tratar, classificar, armazenar, recuperar, analisar e disseminar informações. Todos esses pontos são impraticáveis sem o uso intensivo de TIs.

O processo de coleta de informações, para ser mais eficiente, depende fortemente da internet, ambiente em que dados demográficos e artigos sobre questões socioculturais, econômicas, político-legais e tecnológicas existem em profusão. Ainda na internet é possível capturar informações sobre o mercado de atuação da empresa, bem como dados sobre a atuação da concorrência e sobre distribuidores e fornecedores. Na prática de *marketing* atual, uma pesquisa de mercado não é mais concebida sem a utilização de *softwares* estatísticos que propiciam o correto tratamento dos dados coletados.

Estratégias e ferramentas de *marketing*

Depois de coletadas as informações, define-se o público alvo por meio da utilização da segmentação de mercado, diferencia-se a oferta e posiciona-se o produto ou serviço no mercado. Quanto mais criteriosa for a etapa de coleta, mais ricas tenderão a ser as informações recolhidas e mais precisas as definições estratégicas de *marketing* e o desenho de suas ferramentas, cuja elaboração depende de um número cada vez maior de instrumentos tecnológicos. Há *softwares* que se enquadram na categoria GIS (*Geographic Information System*, ou sistema de informações geográficas), que permite, por exemplo, relacionar geograficamente informações de uma organização (tipo de produto, espaço requerido para uma loja) com dados de mercado, auxiliando na tarefa de definir a localização de um novo ponto de venda.

A comunicação em *marketing*, por sua vez, vem passando por um processo de profunda reformulação com a introdução, não tão recente, de novas mídias no relacionamento empresa-cliente. Poucas são as empresas que abrem mão da internet em suas campanhas de comunicação, seja na utilização ativa da mídia, por meio de propaganda *on-line* (*banners*, *pop-ups*, buscadores etc.), seja no seu uso de forma passiva, por meio da disponibilização de um *site* como canal de relacionamento com clientes ou, meramente, como canal informacional.

Ainda no campo da comunicação, é provável que a chegada e a disseminação da televisão digital no Brasil permitam uma interatividade cliente-empresa ainda não vivenciada pelo consumidor nacional e que poderá trazer impactos significativos na forma de distribuição de produtos e até no formato das propagandas.

O *design* de produtos também é fortemente coadjuvado por *softwares* que aceleram o tempo destinado ao desenvolvimento desses mesmos produtos e que permitem ainda uma tradução mais fiel dos requisitos mais importantes apontados por clientes. Por fim, a customização no atendimento aos clientes, hoje entendida como customização de massa, foi viabilizada com o uso de *Database Marketing*, *Datawarehouse*, *Datamining* e CRM (*Customer Relationship Management*, ou gestão da relação com o cliente). Esse ferramental possibilitou o oferecimento de alguns serviços por meio virtual de forma bastante customizada, tal qual fazem os bancos, ao permitir que a página de entrada em uma determinada conta

aplicativos

corrente seja organizada pelo próprio cliente, que escolhe o tipo de informação que lhe será mostrada inicialmente. O quadro a seguir apresenta as principais funções desse novo ferramental utilizado no *marketing*.

Quadro 1.3 – Ferramental tecnológico utilizado pelo *marketing*

Ferramenta	Principais funções
Database Marketing	Manutenção atualizada da base de dados dos clientes de uma empresa.
Datawarehouse	Armazém de dados composto por uma grande quantidade de dados históricos de uma empresa.
Dataming	Ferramenta de extração de dados, baseada em tecnologias de inteligência artificial, que busca analisar tendências de comportamento do consumidor.
CRM (Customer Relationship Mangement)	Consiste em uma filosofia de atendimento personalizado de clientes por meio do apoio de tecnologias de informação e internet.

Portanto, o uso adequado das tecnologias de informação permite trabalhar uma determinada oferta, a fim de que esta seja o mais próxima possível daquilo esperado pelo consumidor. Dada a intensa concorrência nos mais variados setores de mercado e a certeza de que se lida com um consumidor cada vez mais exigente, podemos afirmar, com absoluta convicção, que a adoção da informática no *marketing* é um caminho praticamente sem retorno.

[informática no comércio exterior]

Por se tratar de uma área bastante regulamentada e sujeita a rigorosos controles fiscais, o comércio exterior se caracterizou por sua grande complexidade e extrema burocracia. Durante os anos em que essa atividade não contava com a informatização de seus processos, a exportação e a importação eram bastante incipientes. Apenas grandes e tradicionais empresas operavam em mercados externos devido aos altos custos de manutenção de tal atividade. Com a intenção do governo brasileiro em incrementar seus negócios internacionais, principalmente as exportações, houve em 1993 a introdução no Brasil do Sistema Integrado de Comércio Exterior (Siscomex), ocasião em que o País deu um grande salto comercial no que diz respeito à agilização dos mecanismos de controle aduaneiro e à desburocratização dos processos de comércio exterior.

Dentre os documentos necessários para o envio de mercadorias ao exterior, as antigas guias de exportação eram compostas por diversas vias, que deviam estar corretamente datilografadas sob pena de haver prejuízo decorrente de atrasos no embarque caso apresentassem algum tipo de discrepância.

Os sistemas informatizados trouxeram maior agilidade aos despachantes aduaneiros na abertura de processos de importação e exportação, bem como no controle das anuências necessárias para a realização de cada processo. Permitiram, ainda, obter-se maior rapidez no processo de fiscalização, liberação e efetivo controle estatístico das mercadorias, tanto em questão de quantidade quanto em termos de classificação fiscal e/ou comparação de preços dos produtos que entram ou saem do País.

Paralelamente a tudo isso, em meados de 1993, a internet começava a surgir no Brasil com maior expressividade. No início ainda muito elitizada, foi logo tomando um espaço que se tornaria fundamental no atual mundo dos negócios. A internet barateou, sobremaneira, as atividades de comércio exterior, pois anteriormente o custo de um aparelho de telex e de sua manutenção era altíssimo. Além disso, era necessária a contratação de linha telefônica específica, fornecida pela Embratel (Renpac*), para a utilização da internet, dado que freqüentes ligações telefônicas internacionais eram quase proibitivas devido aos seus altos custos.

Grandes benefícios para o comércio exterior advieram da utilização do *e-mail*, que se tornou uma ferramenta tão eficiente que simplesmente tornou os aparelhos de telex peças de museu, devendo-se observar que o fax não está longe de ter o mesmo fim. Hoje não há empresa que atue em comércio exterior que não se utilize do *e-mail* para trocar mensagens. Com um custo extremamente baixo, essa ferramenta permite que sejam enviadas com rapidez propostas comerciais, malas diretas, fotos de produtos, documentos etc. Em alguns casos, as demais fases da negociação também são realizadas via *e-mail*, sendo muitas vezes desnecessária a utilização do telefone durante os primeiros contatos comerciais.

Outrossim, as viagens internacionais eram fundamentais para apresentação dos itens produzidos pelas empresas brasileiras e também para serem estreitados os laços entre os vendedores e os pretensos compradores. Atualmente existem vitrines virtuais para que potenciais exportadores possam apresentar ao mundo seus produtos sem a necessidade de saírem de seus escritórios. Os *traders*** utilizam a internet como veículo de pesquisa na procura de possíveis canais de distribuição de produtos por eles representados ou na busca de novos fornecedores de insumos para seus clientes.

Dessa forma, as vantagens que a utilização da informática trouxe aos profissionais de comércio exterior proporcionam a redução dos custos

---

* Renpac (Rede Nacional de Pacotes): serviço de transmissão de dados oferecido pela Embratel.
** *Trader*: agente que facilita o comércio internacional unindo exportadores e importadores.

de comunicação, que permitiam apenas às grandes corporações participarem do rol das empresas comerciais exportadoras e importadoras. Hoje, pequenas e médias empresas vêem com muito otimismo a possibilidade de comercializar seus produtos além de nossas fronteiras.

[informática na gestão de recursos humanos]

Assim como nas demais áreas da administração, a informática propiciou grandes avanços na administração de recursos humanos (ARH), possibilitando evolução tanto nos aspectos relativos a controles compulsórios determinados pela legislação trabalhista e previdenciária, quanto no sentido de permitir a efetiva gestão das pessoas em todos os processos de ARH.

A utilização cada vez mais freqüente dos recursos disponibilizados pela informática garante, entre outros benefícios:
_ controle efetivo das informações;
_ segurança dos dados armazenados;
_ agilidade no rastreamento de informações;
_ possibilidade de cruzamento de informações;
_ garantia da integridade das informações;
_ facilidade de atualização dos registros;
_ sistematização das informações;
_ integração das informações que possibilitam a tomada de decisão sobre os processos que envolvem as pessoas das organizações.

Todas essas funcionalidades disponibilizadas pela informática à ARH atuam de forma integrada nos diversos subsistemas de recursos humanos, classificados, segundo Chiavenato[7], em: provisão, aplicação, manutenção, desenvolvimento e controle. Em todos esses subsistemas, a disponibilização das informações em decorrência do emprego da informática possibilita o efetivo gerenciamento das atividades que competem a cada subsistema.

Embora, perante a justiça trabalhista, a documentação relativa aos funcionários de uma empresa ainda necessite ser impressa, é muito mais fácil armazená-la e acessá-la por meio dos recursos disponibilizados pela informática.

Além de todas essas facilidades relacionadas à sistematização das informações propiciada pela informática, esta é responsável por muitas evoluções nos processos relativos a cada subsistema. Descrevemos, na seqüência, as principais ações de cada um dos subsistemas de ARH sistematizadas por meio da informática, enfocando também a evolução que cada um atingiu modernamente.

Subsistema de provisão

Os processos inerentes ao subsistema de provisão, que tem por objetivo prover a empresa de funcionários com o perfil adequado às organizações, bem como fornecer elementos para o planejamento de RH, vêm apresentando progressos com a incorporação de novas tecnologias, como:

_ controle de *turnover* e absenteísmo por meio de planilhas eletrônicas e/ou aplicativos atrelados a sistemas de folha de pagamento que permitem o gerenciamento do histórico, das médias e das tendências, inclusive por áreas específicas da organização, o que anteriormente era feito por meio de controles manuais;

_ divulgação de vagas disponíveis nas organizações aos potenciais candidatos via *e-mail* direcionado ou *web*, agilizando o processo e reduzindo custos, atividade que anteriormente era realizada apenas por meios físicos;

_ recebimento e armazenamento de currículos (banco de currículos) de candidatos por meio de planilhas eletrônicas, *softwares* específicos ou *web*, propiciando acesso rápido a esses dados e filtragens específicas de acordo com os requisitos da vaga, em substituição ao processo manual anterior;

_ aplicação de técnicas de pré-seleção e testes por meio de *softwares* específicos de testagem, planilhas eletrônicas, *e-mails* ou *web*, propiciando a realização de análises mais elaboradas e rápidas, armazenamento mais adequado desses dados e acesso mais fácil aos resultados, bem como a redução de custos do processo. Esse tipo de situação aplica-se especialmente a candidatos que moram em outras cidades ou países, oportunizando uma pré-seleção que anteriormente era mais difícil de ser efetivada em função do custo e da operacionalização do processo seletivo, que somente era possível com a presença física dos candidatos.

Subsistema de aplicação

O subsistema de aplicação tem por objetivo definir as atividades e os requisitos pertinentes a cada cargo, bem como avaliar o desempenho dos seus ocupantes.

Como principais exemplos da evolução desse subsistema mediante a apropriação de recursos da informática, podemos citar:

_ elaboração e armazenamento do manual de cargos com todas as descrições e os requisitos relativos às funções organizacionais, por meio de *software* específico ou editor de textos, permitindo, assim, agilidade no acesso às informações e na sua atualização, além da facilidade de disseminação dessas informações aos interessados via *e-mail*, intranet etc. Este processo anteriormente ocorria apenas por meio físico, demandando muitos gastos com o material e com o tempo para atualização dos formulários e entrega aos setores envolvidos;

_ agilidade na construção, na execução e no armazenamento dos dados referentes à avaliação de desempenho dos funcionários por meio de *softwares* específicos, editor de textos e/ou planilhas eletrônicas. Com os recursos atuais da *web* ou via intranet, podem ser realizadas, inclusive, as etapas de avaliação anteriores à entrevista, todas *on-line*. Dessa forma, mantém-se a integridade das informações e obtém-se a sua atualização de maneira simples e consistente.

Subsistema de manutenção

Trata-se do subsistema que visa instituir práticas de gestão que favoreçam a permanência dos funcionários na organização.

Em função da legislação, que há tempos abrange muitas questões relativas à documentação de todas as transações com funcionários, esse subsistema vem evoluindo gradativamente, conforme podemos perceber nos exemplos de atividades a seguir:

_ realização de cálculo, registro e armazenamento dos dados da folha de pagamento e envio destes aos destinatários cabíveis por meio de *softwares* específicos para esse fim. Ao longo dos tempos, essa aplicação foi evoluindo em vários aspectos, como a parametrização e a transmissão dos dados exigidos pela legislação trabalhista e previdenciária, bem como dos dados necessários para a realização de pagamentos bancários *on-line*. Anteriormente muitos desses processos não eram integrados, gerando, inclusive, inconsistências de valores e registros;

_ controle, registro e cálculo referentes a pagamentos, benefícios, encargos, obrigações legais e programas de RH internos da organização, bem como emissão de comprovantes relativos a essas operações, o que anteriormente era executado por meios manuais ou planilhas isoladas, resultando em inconsistência de valores, dificuldades no armazenamento etc.

Subsistema de desenvolvimento

Contempla todas as ações relativas à identificação de necessidades de treinamento, capacitação e desenvolvimento de funcionários para o aprimoramento do exercício profissional.

Com o crescente entendimento das emepresas da importância desse aspecto para a consecução das estratégias organizacionais, constantemente vêm surgindo *softwares* e aplicativos específicos para esse fim, como podemos ver nos exemplos a seguir:

_ registro das necessidades, elaboração do planejamento, acompanhamento da execução e tabulação das avaliações, bem como todo o gerenciamento do programa de treinamento da organização por meio de *softwares* específicos ou planilhas eletrônicas;

_ mapeamento do capital intelectual da organização a partir do registro da evolução dos conhecimentos obtidos pelos funcionários ao longo de sua permanência na organização, por meio da utilização de *softwares* específicos para a gestão por competências ou mesmo de módulos de ERP relativos à gestão de pessoas, permitindo gerar informações necessárias para o melhor aproveitamento do ativo humano das organizações. Até então, na maioria das vezes, essas informações encontravam-se dispostas informalmente, sem integração e histórico.

Subsistema de controle

Além de ter por finalidade garantir a geração de informações que permitam controlar e subsidiar o gerenciamento efetivo dos processos de RH, o subsistema de controle permite a análise do histórico e das tendências de tais processos, assegurando sempre a integridade das informações. Vejamos alguns exemplos:

_ garantia da eficácia e da integridade dos processos relativos a todos os subsistemas de RH, na medida em que gera informações que possibilitam controlar se cada processo está atingindo o resultado esperado. Planilhas eletrônicas, *softwares* específicos e módulos de ERP são as ferramentas e/ou práticas de gestão utilizadas para esse fim. Anteriormente essas análises e verificações eram feitas essencialmente por meio de longas auditorias nas quais se reviam todos os documentos gerados por esses processos.

[resumo do capítulo]

Procuramos identificar as principais conseqüências advindas da (r)evolução da informática. Ao menos três tecnologias alteraram drasticamente as formas de trabalho nas empresas: (1) o surgimento do computador pessoal, (2) as redes de computadores e (3) a internet. Dessa revolução originou-se a sociedade da informação, também discutida brevemente. Em seguida, destacamos as mudanças ocorridas nas principais áreas e segmentos empresariais: gestão financeira, administração pública, logística, sistemas produtivos industriais, secretariado executivo, *marketing* e propaganda, comércio exterior e recursos humanos.

[questões para debate]

1. Quais as principais tecnologias que contribuíram para a (r)evolução da informática?

2. Escreva sobre os principais impactos causados pela (r)evolução da informática.

3. O que é sociedade da informação?

4. O que o Brasil tem feito para contribuir com a sociedade da informação?

5. Apresente alguns benefícios da informática que possibilitaram a evolução da gestão das seguintes áreas: finanças; gestão pública; logística; sistemas produtivos industriais; secretariado executivo; *marketing* e propaganda; comércio exterior; recursos humanos.

parte_ II

[componentes da
tecnologia da informação]

Tecnologia da informação (TI) é um termo que vem sendo amplamente utilizado e que, muitas vezes, compreende diversas áreas da ciência da computação ou da informática, sendo também empregado, em alguns casos, na área da administração. A TI abrange, sim, a informática e seus conceitos mais usuais, como *hardware* e *software*; no entanto, com o advento da telemática (a união das telecomunicações à informática), sua amplitude tornou-se bem maior e hoje tem papel estratégico em muitas empresas, pois inclui os componentes de *hardware*, *software*, banco de dados e redes de computadores.

0000_0010 = Ⅱ

hardware

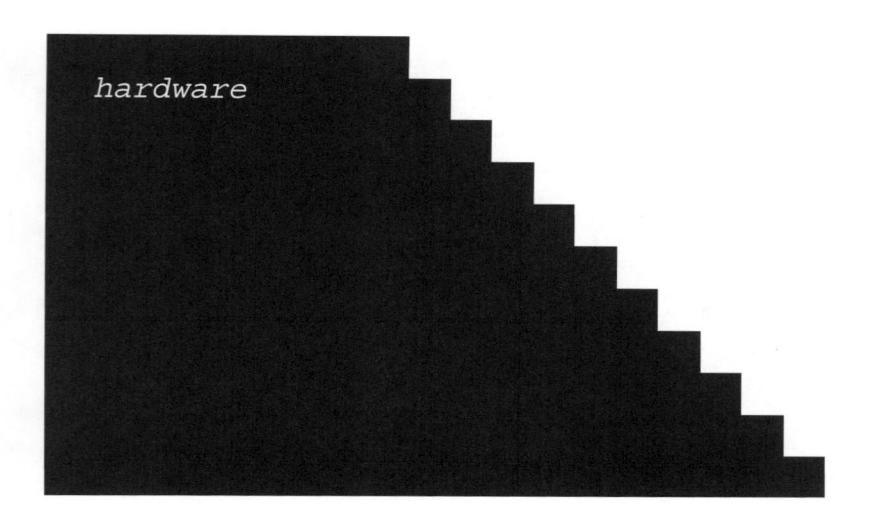

É claro que meus filhos terão computadores, mas antes terão livros.

_ Bill Gates

O objeto central de estudo deste capítulo são os principais conceitos relacionados ao *hardware*. Vamos abordar detalhadamente cada componente interno do computador, destacando seus conceitos e características mais relevantes. Apresentaremos os dispositivos de entrada, saída, processamento, memórias principal e secundária, bem como os dispositivos de comunicação. Enfocaremos, ainda, a classificação dos principais tipos de computadores: grande, médio e pequeno porte.

[*hardware*]

O *hardware* é qualquer tipo de equipamento eletrônico utilizado para processar dados e informações e tem como função principal receber dados de entrada, processar e manipular esses dados e gerar saídas em formatos solicitados. Um computador moderno apresenta alguns componentes essenciais para seu funcionamento, os quais podemos identificar na figura a seguir. Na seqüência, abordaremos cada um desses componentes.

Figura 2.1 – Componentes de um computador

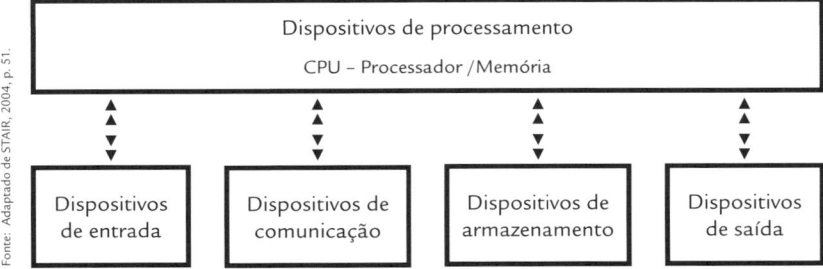

```
┌─────────────────────────────────────────────────────────────┐
│              Dispositivos de processamento                  │
│              CPU – Processador / Memória                    │
└─────────────────────────────────────────────────────────────┘
        ▲▼            ▲▼            ▲▼            ▲▼
┌──────────────┐ ┌──────────────┐ ┌──────────────┐ ┌──────────────┐
│ Dispositivos │ │ Dispositivos │ │ Dispositivos │ │ Dispositivos │
│  de entrada  │ │ de comunicação│ │de armazenamento│ │  de saída   │
└──────────────┘ └──────────────┘ └──────────────┘ └──────────────┘
```

Fonte: Adaptado de STAIR, 2004, p. 51.

Unidade central de processamento (CPU)

A CPU (*Central Processing Unit*, ou unidade central de processamento) é o componente encarregado de processar informações. Também chamado de **processador** ou **microprocessador**, é o responsável por executar a função de processar os cálculos ou requisições do usuário, podendo ser considerado o cérebro de um computador.

Um processador apenas obedece a instruções contidas em um programa. Esses comandos podem determinar a soma de dois números ou o envio de uma informação para algum periférico, por exemplo.

Na década de 1970, Gordon Moore, então presidente da Intel, em uma entrevista, afirmou que o poder de processamento dos processadores dobraria a cada 18 meses. Essa afirmação deu origem à **lei de Moore**, a qual continua sendo confirmada ao longo dos tempos.

Hoje o mercado de fabricantes de microprocessadores é dominado por duas grandes corporações, ambas norte-americanas: a Intel, fundada em 1968, e sua principal concorrente, a AMD, fundada em 1969. Comercialmente foi a Intel, pois, que deu início à história dos microprocessadores para PCs. Com o objetivo de posicionar o leitor no que se refere aos aspectos mais relevantes para o entendimento dos conteúdos deste livro, apresentamos na seqüência a principal evolução ocorrida nesse mercado.

Os primeiros microprocessadores surgiram em meados dos anos de 1970, quando a Intel lançou no mercado o 4004, de 4 *bits*, lançado em 1971. Na década de 1980, vários modelos se destacaram, dentre os quais citamos o 8086 e o 8088, que foram responsáveis pelo significativo aumento de vendas da nova divisão de computadores pessoais da IBM*. Os microcomputadores equipados com esses processadores receberam a designação de **IBM-PC**. O sucesso desse projeto introduziu a Intel no *ranking* da Fortune 500, da revista *Fortune*. A partir desse momento, toda a evolução dos microprocessadores baseou-se em outra linha denominada família **80x86**, descrita a seguir:

_ 80186 – Esta linha foi denominada de **PC-XT**.

_ 80286 – Inicia a linha denominada **PC-AT** em 1982.

_ 80386 – Lançado em 1985, dá início à era de processadores multitarefa, ou seja, que podem rodar vários programas ao mesmo tempo.

_ 80486 – Lançado em 1989, foi significativa sua importância para o mercado de PCs, pois viabilizou o uso do ambiente gráfico (*Windows*).

Contrariando todas as tendências de mercado, que aguardava o lançamento do 586, a Intel lança, em 1993, o processador **Pentium**. Esse processador praticamente dobrou a capacidade de processamento dos anteriores 486. A velocidade de processamento partiu de 66 MHz, chegando até 233 MHz.

Em seguida, foram lançadas diversas versões dos microprocessadores Pentium. Listamos a seguir as principais versões e suas respectivas velocidades de processamento (*clock*):

_ Pentium MMX – Inclui instruções denominadas **MMX**, que têm por objetivo específico tratar informações de multimídia, áudio, vídeo e gráficos. Além disso, os processadores MMX receberam um acréscimo de memória *cache*, o que os torna ainda mais velozes. A partir deles,

---

* IBM: gigante multinacional fabricante de computadores que dominou o mercado de vendas de PCs nos anos de 1980.

todos os processadores Intel passaram a ter essas instruções adicionais. O *clock* nessa versão variava de 233 MHz a 266 MHz.

_ Pentium PRO - Tinha capacidade para competir com máquinas de alto desempenho, principalmente estações de trabalho e servidores.

_ Pentium II - Lançado em 1997, possuía grande capacidade para trabalhar conteúdos multimídia.

_ Pentium III - Lançado em 1999, foi a versão que mais apresentou variações de *clock*, partindo de 650 MHz e atingindo 1,4 GHz em meados de 2002.

_ Pentium 4 - Lançado em 2001, é a sétima geração de microprocessadores e possui a característica principal de trabalhar com elevado *clock*. Varia entre 1,4 GHz e, atualmente, 3,8 GHz, na versão Pentium HT (*Hyper Threading*) Inside.

Outra linha de microprocessadores comercializada pela Intel é a linha **Celeron**, que possui características semelhantes, mas tem uma *performance* inferior. A diferença principal entre as duas linhas está no fato de que os microprocessadores Celeron trabalham sem a tecnologia da memória *cache*, a qual permite uma maior velocidade de processamento e acaba acarretando um acréscimo considerável no valor final do produto. Portanto, os microprocessadores Celeron são mais acessíveis economicamente do que os Pentium.

Devemos salientar, ainda, que as versões de microprocessadores apresentadas anteriormente são utilizadas em equipamentos do tipo *desktop**. Para equipamentos móveis ou portáteis e servidores, existem inúmeros

* *Desktop*: computador de mesa utilizado em residências ou empresas como estação de trabalho.

outros produtos disponíveis, como as linhas Pentium M, Itanium e Xeon. Uma nova linha de processadores está sendo lançada pela Intel; são os processadores Conroe, Merom e Woodcrest, respectivamente destinados aos mercados *desktop*, portátil e de servidores*.

A concorrente AMD** atua no mercado com duas linhas principais de processadores:

_ Athlon, microprocessador concorrente direto do Intel Pentium e
_ Sempron, concorrente direto da linha Intel Celeron.

A AMD recentemente passou a distinguir os seus processadores não mais pela identificação do *clock* como parâmetro de velocidade. "Utilizar apenas o valor do *clock* para indicar a velocidade do processador é algo muito abstrato. Na verdade, além do *clock*, o que determina o desempenho dos processadores é um conjunto de características, tais como memória *cache*, encapsulamento e o co-processador matemático"[1]. Assim, desenvolveu o novo conceito de PR, sigla de *Performance Reference*, levando em consideração vários fatores que influenciam na *performance* de um microprocessador.

Em 2005, foram lançados no mercado de CPUs os microprocessadores de 64 *bits*. Os primeiros processadores trabalhavam com 8 e 16 *bits*. Atualmente a maior parte utiliza 32 *bits*. Quanto mais *bits* possui um processador, mais veloz ele se torna, pois trabalha com uma quantidade maior de dados e instruções. Os novos processadores Intel e AMD já apresentam versões de seus produtos com 64 *bits*.

---

* Para saber de mais informações e comparações entre os microprocessadores, indicamos o *site* da Intel no endereço http://www.intel.com.br.

** Para obter mais informações sobre os produtos da AMD, acesse http://www.amd.com.br.

Memória

A memória tem a tarefa de manipular as informações e retorná-las ao usuário o mais rapidamente possível. Também a CPU, estudada no tópico anterior, necessita de uma área de memória para armazenar alguns resultados e referências enquanto processa informações.

As memórias mais conhecidas no mercado são as memórias RAM, ROM e *cache*, as quais apresentamos, separadamente e em detalhes, a seguir.

_ Memória principal ou RAM

A memória principal de um sistema de computador é denominada **memória RAM** (*Random Access Memory*, ou memória de acesso aleatório). É rápida, permite leitura e escrita, porém perde o seu conteúdo quando o computador é desligado. Por isso, precisamos gravar programas e arquivos de dados em outras mídias, tais como discos rígidos, disquetes, CDs, DVDs etc. Essa memória é utilizada para armazenar os arquivos e os programas que estão sendo executados, como, por exemplo, o sistema operacional ou um *software* aplicativo.

Uma das principais características da memória RAM é ser volátil, ou seja, os dados se perdem quando reiniciamos o computador. Dessa forma, sempre que ligamos o PC, é realizado todo o processo de carregamento, momento no qual o sistema operacional e os aplicativos usados são transferidos do *hard disk* para a memória, onde finalmente são executados pelo processador.[2] Daí a demora que há ao ligarmos um PC.

O desempenho do computador é diretamente afetado pela quantidade de memória RAM disponível, ou seja, quanto mais memória existe em um PC, melhor o desempenho do equipamento na execução dos programas.

A memória juntamente com o processador são os dois componentes responsáveis por conferir alta *performance* e velocidade de processamento a um computador. A capacidade de armazenamento e a velocidade das memórias RAM podem variar de acordo com a tecnologia utilizada. Destacamos, no quadro a seguir, os principais tipos de memória RAM utilizados e suas respectivas características.

Quadro 2.1 – Tipos de memória RAM

Sigla	Descrição	Velocidade	Capacidade
EDO	Extended Data Out	66 MHz	4 MB a 64 MB
DIMM	Double In Line Memory Module	100 MHz e 133 MHz	16 MB a 512 MB
DDR	Double Data Rate	200 MHz	128 MB a 2 GB

_ Memória ROM

A sigla **ROM** refere-se a *Read Only Memory*, ou memória somente de leitura. Nesse tipo de memória as informações são gravadas pelo fabricante uma única vez, não podendo, portanto, ser alteradas ou apagadas, mas somente acessadas. A memória ROM é integrada à placa mãe do computador. Logo, toda vez que o ligamos, essa memória é acessada. Realiza-se nesse momento a leitura da Bios (*Basic Input Output System*), que é responsável pelo teste inicial do sistema, também chamado de *Post* (*Power On Self Test*). Na memória ROM são registradas as configurações do *hardware* e as informações referentes à data e à hora do sistema. Para que esses dados estejam sempre atualizados, existe uma bateria acoplada à placa mãe que mantém essas informações armazenadas. O ato de inicializarmos o computador também é chamado de ***boot***.

Destacamos três tipos básicos de memória ROM: Prom, Eprom e Earom, descritas no quadro a seguir.

Quadro 2.2 – Tipos de memória ROM

Tipo	Descrição	Características
Prom	Programmable Read Only Memory	Gravação permanente através de reações físicas e aparelhos especiais.
Eprom	Electrically Programmable Read Only Memory	É possível apagar através do uso de radiação ultra-violeta.
Earom	Electrically Alterable Read Only Memory	É possível apagar através da aplicação de voltagem elétrica.

Outro tipo de memória ROM encontrada no mercado é a *FlashROM*, que é uma memória flash semelhante à Eprom, porém mais rápida e de menor custo. Permite atualizações através de *softwares* apropriados, as quais podem ser realizadas por meio de disquetes ou pelo sistema operacional.

_ Memória *cache*

Alguns processadores mais velozes, tais como o Pentium e o Athlon, possuem uma memória integrada denominada **cache**. Por meio de um dispositivo chamado **controlador de** *cache*, a memória RAM solicita sua utilização ao processador. Nesse momento, os dados mais usados pela memória RAM são transferidos para a memória *cache*, obtendo-se maior rapidez no processamento das informações.

A capacidade da memória *cache* pode variar de 256 KB a 1 MB. Há basicamente dois tipos de memória *cache*, que operam em dois níveis:
_ *cache* L1 ou *cache* interno: integrada ao processador e
_ *cache* L2 ou *cache* externo: normalmente integrada à placa mãe, recentemente vem sendo integrada também ao processador, deixando o termo "externo" ultrapassado e sem sentido.

Dispositivos de entrada

Muitas vezes denominados **periféricos de entrada**, os dispositivos de entrada são responsáveis pela introdução de dados, imagens, vídeos ou sons. A seguir, apresentamos os dispositivos de entrada mais utilizados, bem como suas principais características.

_ Teclado

A principal finalidade de um teclado é a digitação de textos. Um teclado padrão apresenta normalmente entre 101 e 105 teclas. A seguir é possível visualizar um arranjo* padrão de teclado.

Os tipos mais comuns de arranjos de teclados encontrados são o padrão da Associação Brasileira de Normas Técnicas (ABNT) e o padrão internacional. O arranjo das teclas de um teclado ABNT-2 é adaptado ao Brasil e possui teclas com o caractere "ç", por exemplo.

Um teclado pode ser conectado ao computador por meio de diversos tipos de conexões, dentre os quais podemos destacar:

a. DIN – Padrão utilizado a partir dos anos 1980, dominou o mercado até o aparecimento do padrão Mini-DIN, no final dos anos 1990.

b. PS-2 ou Mini-DIN – Menor e mais veloz que o padrão DIN, domina atualmente o mercado de conexão de teclados.

c. USB – Sigla de *Universal Serial Bus* (barramento serial universal), aparece no mercado como um tipo de conexão universal, utilizado para diversos periféricos, sem a necessidade de desligar o equipamento.

---

* Arranjo: distribuição das teclas (caracteres) em um teclado.

d. *Wireless* – A conexão *wireless*, ou sem fios, surge no mercado como uma novidade, porém o preço dessa tecnologia ainda impede sua ampla utilização.

Figura 2.2 – Teclado com arranjo padrão *Qwerty**

_ Mouse

O *mouse* é um dispositivo de entrada utilizado principalmente para navegação em plataforma de interface** gráfica, por exemplo, em ambiente *Windows*. Apesar de ter sido inventado nos anos de 1960, sua utilização comercial se deu por volta de 1980, quando a Apple, empresa norte-americana fabricante de computadores, lançou seu primeiro sistema operacional visual, o Lisa.

É considerado por muitos como um dispositivo indicador ou apontador, pois, por meio de cliques com o mouse, o usuário aponta os comandos que deseja executar, permitindo uma interação entre o usuário e o computador mais rápida e eficiente. Assim, esse componente

---

* *Qwerty*: teclado padrão amplamente utilizado pela empresa fabricante de máquinas de escrever Remington.
** Interface: elemento responsável pela comunicação entre o usuário e o computador.

substitui muitas funções do teclado e facilita diversas tarefas.

Um *mouse* apresenta normalmente dois ou três botões com funções específicas de acordo com o *software* que está sendo usado. Alguns modelos mais modernos apresentam até seis botões, além de um dispositivo de rolagem, que agiliza ainda mais a utilização de muitos aplicativos gráficos e jogos.

Assim como para os teclados, os tipos mais comuns de conexões são PS-2 ou Mini-DIN, USB e *wireless*. Os primeiros modelos baseavam-se em mecanismos mecânicos, nos quais uma esfera, ao ser arrastada, indicava o movimento a ser realizado de acordo com a necessidade do usuário (eixo X e eixo Y). Atualmente os *mouses* ópticos, por meio de tecnologia *laser*, dominam o mercado, propiciando maior velocidade e conforto.

_ Scanner

O *scanner* é um dispositivo de entrada que possui a capacidade de digitalizar documentos ou imagens, isto é, por meio de uma tecnologia de varredura de imagens, ele transforma uma figura analógica (texto, revista, livro, foto etc.) em um arquivo digital. Para tanto, é necessário um *software* específico.

O *software* que possibilita essa digitalização é o OCR (*Optical Character Recognition*, ou reconhecimento óptico de caractere). O equipamento possui sensores de luz que capturam a imagem no papel e transmitem a informação ao *software*, que a converte em imagem digital.

Scanners de mesa são equipamentos facilmente encontrados no mercado e em geral são vendidos acompanhados de *software* apropriado. Algumas impressoras modernas já oferecem *scanners* integrados aos seus equipamentos, denominados **multifuncionais**.

Outros dispositivos de entrada de dados podem ser utilizados com inúmeras finalidades, dentre os quais salientamos as câmeras digitais, as filmadoras e os microfones. O quadro a seguir apresenta um resumo da finalidade de cada um dos dispositivos citados.

Quadro 2.3 – Dispositivos de entrada e suas finalidades

Dispositivo de entrada	Finalidade
Teclado	Digitação de textos
Mouse	Seleção de objetos e comandos
Câmera digital	Captura de imagens e fotos digitais
Filmadora	Captura de vídeos
Microfone	Captura de sons
Scanner	Captura de imagens, figuras e textos

Destacamos ainda os equipamentos de biometria. O termo **biometria** deriva da composição entre os elementos gregos *bios* (vida) e *metron* (medida). Trata-se da utilização das características biológicas dos seres humanos em mecanismos de identificação. Diversas são as características que distinguem uma pessoa de outra, dentre as quais podemos citar a íris e a retina (olhos), a impressão digital, a voz, a geometria da palma da mão e o formato do rosto. Muitos fabricantes de *hardware* vêm desenvolvendo equipamentos capazes de fazer a leitura de tais traços.

Dispositivos de saída

Dispositivos de saída são equipamentos que permitem a visualização ou a consulta de informações geradas após o processamento. A seguir, apresentamos os principais dispositivos de saída utilizados, bem como suas características mais importantes.

_ Monitores de vídeo

O monitor de vídeo é o principal dispositivo de saída utilizado. Os monitores mais comumente encontrados no mercado apresentam a tecnologia CRT (*Cathode Ray Tube*, ou tubo de raios catódicos), semelhante à dos aparelhos televisores.

Os monitores de LCD (*Liquid Crystal Display*, ou dispositivo de cristal líquido) despontam atualmente como os principais substitutos da tecnologia CRT. Além de possuírem um *design* mais atraente, favorecem usuários que necessitam de mais espaço em seus escritórios ou residências. Observemos ainda que o custo desse tipo de monitor vem diminuindo a cada dia.

_ Impressoras

São dispositivos de saída utilizados para a obtenção de cópias de textos, gráficos, imagens ou figuras em papel. As impressoras podem ser classificadas de acordo com seu mecanismo ou tecnologia de impressão. Dentre os principais tipos existentes no mercado, destacamos:

- _ Matriciais – São impressoras de impacto, utilizadas principalmente para a impressão de formulários carbonados, tais como notas fiscais e pedidos de compra. São muito usadas atualmente para a impressão de documentos fiscais em supermercados, postos e farmácias. Apresentam um alto nível de ruído e impressão lenta.

- _ Jato de tinta – Trabalham com cartuchos de tinta líquida impressa no papel por mecanismos denominados **cabeças de impressão**, propiciando alta qualidade e impressões coloridas.

_ Sublimação de cera – Utilizam como fonte de tinta a cera sólida. Por meio da tecnologia de sublimação, imprimem partículas no papel, resultando em uma impressão de altíssima qualidade e resolução.

_ *Laser* – Apresentam um processo de impressão semelhante ao das máquinas de fotocópia, pois imprimem a imagem do documento de uma só vez, resultando em uma impressão de qualidade e com muita velocidade. Utilizam a tecnologia de raio *laser* de baixa freqüência e pó de *toner*. Estão disponíveis no mercado nas versões monocromáticas e coloridas.

Encontramos no mercado também equipamentos de impressão denominados **multifuncionais**, que normalmente utilizam tecnologia jato de tinta ou *laser* e apresentam, além de impressora, *scanner*, fax e copiadora.

_ Caixas de som ou *speaker*

Outro dispositivo de saída amplamente utilizado são as caixas de som ou *speakers*. Dada a proliferação de aplicações multimídia, esses equipamentos tornaram-se um componente indispensável em um sistema de computador. Alguns monitores apresentam *speakers* embutidos, mas na maioria das vezes as caixas são externas. Em computadores portáteis, como *laptops* e *notebooks*, também são integrados ao equipamento.

Dispositivos de comunicação

Os dispositivos de comunicação são responsáveis pelas diversas interfaces de um sistema de computador com seus vários periféricos. Podemos citar como exemplo as placas de som, as quais permitem que uma música possa ser ouvida, e as placas de rede ou de *modem*, que possibilitam conectar um computador à internet.

Todos os dispositivos de comunicação são conectados a um componente central denominado **placa mãe**, ou *motherboard*.

A seguir, destacamos os principais dispositivos de comunicação utilizados em um sistema de computador.

_ Placa de vídeo – Para que uma imagem ou outra informação apareçam no monitor de vídeo, é necessário haver uma placa de vídeo. Algumas vêm acopladas à própria placa mãe. Nesse caso, temos uma placa *on board**. É interessante ressaltarmos que, quando a placa de vídeo é *on board*, recursos da memória RAM são utilizados para seu funcionamento, comprometendo, assim, a *performance* do equipamento. Muitos *softwares*, principalmente de aplicações gráficas e jogos, requerem placas sofisticadas e com alta capacidade de resolução de vídeo. Para enviar dados para um monitor de vídeo, o processador encaminha-os ao barramento e, em seguida, a placa de vídeo processa as informações. Esse barramento pode ser de três tipos: ISA, PCI ou AGP, os quais são descritivos no quadro abaixo.

Quadro 2.4 – Tipos de barramentos

Tipo	Descrição	Características
ISA	Industry Standard Architecture	Primeiro padrão de barramento existente no mercado.
PCI	Peripheral Component Interconnect	Utilizado em placas de som, vídeo, rede e fax/*modem*.
AGP	Accelerated Graphics Port	Indicado para aplicações gráficas – 3D e jogos.

_ Placa de som – Responsável pela comunicação do PC com as caixas de som, normalmente é *on board*. Em caso de necessidade de tratamento

---

* *On board*: significa que o dispositivo de comunicação está integrado na placa mãe.

profissionalizado de som, encontramos no mercado placas potentes e *softwares* sofisticados.

_ Placa de rede – Quando necessitamos nos comunicar com outros computadores ou nos conectar à internet via rede de alta velocidade (ver capítulo 5 – Redes de computadores), precisamos utilizar uma placa de rede, a qual também pode ser *on board*.

_ Placa de *modem* – Para o acesso a uma rede discada, ou seja, a partir de uma linha telefônica, é necessário usarmos uma placa de *modem*, a fim de converter o sinal digital do computador em um sinal analógico, da linha telefônica. Mais uma vez, a opção *on board* é disponível para esse tipo de dispositivo. Essas placas normalmente integram a função de fax, mas, para tanto, é necessária a utilização de *software* específico.

É muito empregada também a comunicação com periféricos externos, tais como impressora, *mouse*, teclado etc. Para isso, um sistema de computador é composto por algumas interfaces denominadas **portas**. Dentre as diversas tecnologias de portas de interface existentes, destacamos as seguintes:

_ porta paralela: indicada para conexões com impressoras;
_ porta serial: indicada para conexões de *mouses* e *scanners* de mão;
_ porta USB: é a conexão mais prática utilizada atualmente e reconhece o dispositivo imediatamente à sua conexão, não sendo necessário reiniciarmos a máquina para efetivarmos seu funcionamento. A tecnologia USB permite que o dispositivo conectado seja alimentado (sem estar diretamente ligado à tomada elétrica) por cabo de dados. É indicada para conexões de periféricos diversos, tais como *mouse*, teclado, câmeras digitais, impressoras etc.

Dispositivos de armazenamento secundário

Os dispositivos de armazenamento permitem a recuperação de uma informação específica. Assim, ao contrário da memória principal, ou RAM, mantêm os dados para que os usuários os acessem quando necessário. Além disso, não são voláteis nem se perdem ao desligarmos o equipamento.

A seguir, descrevemos os principais dispositivos de armazenamento disponíveis no mercado.

_ *Hard disk* (HD)

Também chamado de **winchester** ou **disco rígido**, sua função é armazenar os arquivos de um usuário (dados, fotos, músicas etc.). As informações são retidas de forma magnética, e a capacidade de armazenamento desse dispositivo é medida em *gigabytes* (GB)*. Encontramos no mercado HDs de até 400 GB, porém alguns fornecedores já estão disponibilizando produtos com capacidade de armazenamento da ordem de *terabytes* (TB)**, unidade bem superior ao GB. Os principais fabricantes são Samsung, Maxtor, Hitachi, Seagate e IBM.

Além da capacidade de armazenamento, ao analisarmos um HD, precisamos também conhecer sua velocidade de acesso aos dados. Existem diversas tecnologias de HD disponíveis no mercado. A velocidade desse dispositivo é medida em rotações por minuto (RPM). Quanto maior a rotação de um HD, mais rapidamente o processador acessa os dados. O quadro a seguir apresenta as principais tecnologias de HD e suas respectivas velocidades.

---

* *Gigabyte*: unidade utilizada para medir capacidade de armazenamento de um *hard disk* que equivale a 10^6 *bytes*.
** *Terabyte*: unidade de medida de armazenamento que equivale a 10^9 *bytes*. É a unidade superior ao *gigabyte*.

Quadro 2.5 – Tecnologias de *hard disk*

Tecnologia	Descrição	Velocidade
IDE	Integrated Drive Electronics	5.400 e 7.200 RPM
Sata	Serial Advanced Technology Attachment	7.200 RPM ou mais
SCSI	Small Computer System Interface	10.000 e 15.000 RPM

_ Disquete – É o tradicional disco flexível. Popular e de fácil manuseio, possui uma limitação de espaço de armazenamento que atinge a marca de 1,44 MB. Tendo em vista a explosão de arquivos multimídia, sua utilização vem sofrendo drástica queda.

_ CD-ROM – A Philips, na década de 1990, lançou no mercado a tecnologia de CD (*compact disk*). O intuito inicial era a utilização dessa mídia para armazenamento de arquivos de áudio. No entanto, com o barateamento dessa tecnologia, os CDs passaram a ser utilizados também para armazenar dados. Surge então o CD-ROM, que, dadas a sua alta capacidade de armazenamento, que varia na casa de 650 MB, e a alta velocidade de acesso a arquivos que ele propicia, vem substituindo os disquetes. Existem dois tipos de CDs-ROM: o CD-R (*read*), que é somente de leitura e permite uma única gravação, e o CD-RW (*read/write*), que permite regravações.

_ DVD-ROM – Trata-se de uma moderna mídia de armazenamento que vem sendo utilizada com bastante freqüência. A sua principal vantagem está no fato de que permite o armazenamento de um grande volume de dados. Possibilita realizar gravações a partir de 4,7 GB, podendo atingir a ordem de 17 GB, dependendo do tipo da mídia. Assim como o CD-ROM, apresenta as versões DVD-R e DVD-RW.

_ *Zip drive* – Possui uma grande semelhança com o disquete, porém tem alta capacidade de armazenamento de dados. Os primeiros *zip drives* lançados no mercado possuíam de 100 MB a 250 MB de capacidade de armazenamento, e atualmente encontramos unidades com até 750 MB. Além disso, o *zip drive* é mais resistente do que o disquete e é utilizado normalmente como dispositivo de *backup*. Pode ser interno, fazendo parte do próprio computador, ou externo. A Iomega, empresa fornecedora de soluções de armazenamento de dados, é a principal fabricante desse produto no mercado mundial.

_ Unidade de fita DAT (*Digital Audio Tape*) – As primeiras fitas utilizadas para armazenamento de dados foram as fitas *streamer*, que eram usadas principalmente para armazenamento de *backups*. Sua aparência era a de uma fita usada em gravadores de rolos antigos. As fitas DAT são menores (semelhantes a uma fita de vídeo, mas em tamanho reduzido), mais fáceis de armazenar e mais seguras, além de permitirem reter maior quantidade de dados. A sua capacidade é da ordem de 2 GB a 4 GB. Assim, aparecem no mercado atual como uma das melhores opções para *backup* de grandes volumes de dados.

_ Pen drive – São memórias do tipo *FlashROM*, que possibilitam grande mobilidade ao usuário. Permitem o armazenamento de dados por meio de conexões USB e estão disponíveis no mercado com capacidade de 128 MB a 2 GB.

[classificação dos computadores]

Os computadores podem ser classificados de diversas formas: de acordo com sua arquitetura, com sua *performance* etc. Para fins didáticos, nesta obra, nós os classificamos de acordo com seu porte, conforme apresentamos a seguir.

_ **Grande porte** – Normalmente são representados pelos *mainframes*, que são grandes computadores utilizados em CPDs e/ou em grandes empresas que possuem ampla necessidade de processamento e armazenamento.

_ **Médio porte** – São computadores utilizados com grande freqüência por instituições como universidades e centros de pesquisa e desenvolvimento. Também são caracterizados, muitas vezes, por *workstations*, computadores de médio porte, mas com grande capacidade de processamento, usados principalmente para cálculos complexos.

_ **Pequeno porte** – São os chamados **microcomputadores**. Podem ser de uso residencial ou utilizados como estação de trabalho em redes do tipo cliente-servidor. Enquadram-se nesta categoria, também, *laptops* e *palmtops*.

[resumo do capítulo]

Apresentamos os principais dispositivos de entrada e de saída e os dispositivos de comunicação, além da diferença entre memória principal e memória secundária. Dedicamos especial atenção aos dispositivos de processamento, detalhando os principais processadores existentes. Por fim, enfocamos a classificação dos computadores de acordo com seu porte.

[questões para debate]

1. Cite e descreva cada componente interno de um computador.

2. Quais são os principais tipos de memória existentes?

3. Qual a função de uma CPU?

4. Comente sobre a lei de Moore.

5. Para que serve a memória *cache*?

6. Quais as principais empresas fabricantes de processadores no mundo? Cite seus principais produtos.

7. Para que servem os dispositivos de armazenamento secundário?

8. Qual a função dos dispositivos de comunicação?

9. O que é um *mainframe*?

10. Defina biometria.

```
0000_0011 = III
```

Software

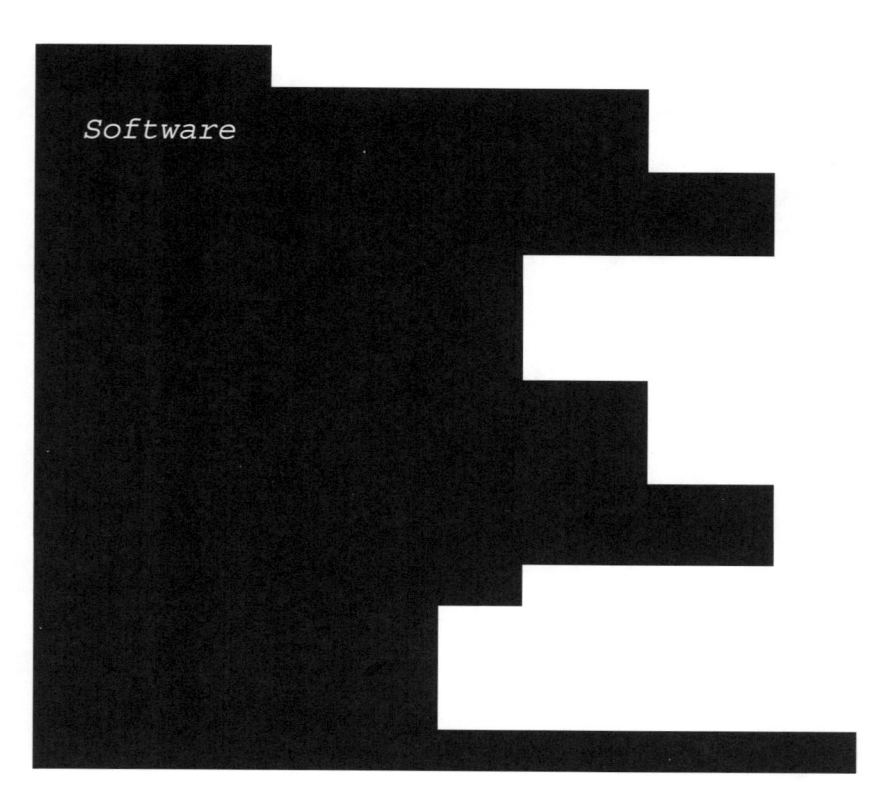

> As invenções são, sobretudo, o resultado de um trabalho teimoso.
>
> _Santos Dumont

Neste capítulo, dedicaremos nossa atenção a aspectos relacionados ao *software*. Componente responsável pela maior parte dos investimentos em TI, apresenta inúmeras particularidades que cuidaremos de descrever. Existe uma infinidade de categorias de *software* disponíveis no mercado e cabe ao usuário decidir qual delas melhor atende às suas necessidades, devendo observar que todo *software* é desenvolvido com a utilização de uma linguagem de programação. Discutiremos anda as formas mais comuns de comercialização de *software* e analisaremos em detalhes os sistemas operacionais *Windows* e Linux. Por fim, apontaremos diversos tipos de *softwares* aplicativos.

[*software* e as linguagens de programação]

A utilização comercial da informática nas empresas iniciou-se por volta dos anos de 1960. O *software* era um item menos dispendioso que o *hardware*, e nem todos imaginavam que essa situação se inverteria tão rapidamente. Dois motivos foram responsáveis pelo aumento considerável do valor de um *software*:

_ a diminuição dos preços do *hardware* e

_ o processo de desenvolvimento de *software*, que é lento, complexo e propenso a erros[1].

Podemos definir *software* como instruções geradas por meio de linguagens de programação que indicam qual processamento deve ser realizado pelo *hardware*. Portanto, o *software* comanda o funcionamento do *hardware*.

O processo de gerar instruções ou programas é denominado **programação**, e os profissionais que executam essa atividade são os **programadores**. Para essa atividade, é utilizada uma linguagem que permite a um programador desenvolver os conjuntos de instruções ou códigos que constituem um programa de computador. Cada linguagem possui sintaxe e usos específicos[2]. As linguagens de programação podem ser divididas em cinco grupos:

_ 1ª geração: linguagem de **máquina**;

_ 2ª geração: linguagem *assembly*;

_ 3ª geração: linguagem de **alto nível**;

_ 4ª geração: linguagem de **perguntas e banco de dados**;

_ 5ª geração: linguagem **natural e inteligente**.

Dentre as diversas linguagens de programação existentes, podemos destacar as seguintes:

_ C++ – É uma linguagem de programação estruturada de alto nível, surgida a partir da linguagem C, que foi elaborada por volta dos anos de 1970 nos laboratórios da Bell, empresa de telefonia norte-americana. O C++ é uma das linguagens mais utilizadas por aqueles que desenvolvem aplicações e baseia-se no conceito de orientação a objetos, o que lhe confere poder e robustez.

_ *Delphi* – Desenvolvida pela empresa norte-americana Borland Software Corporation, é uma das linguagens de programação visual mais usadas pelo mercado, indicada para desenvolvimento de aplicações visuais baseadas na interface *Windows*. As versões mais atuais também suportam tecnologias como *.NET** e Linux.

_ *Visual basic* – Desenvolvida pela *Microsoft*, é uma linguagem visual indicada para o desenvolvimento de aplicações gráficas. Possui integração total com a plataforma *.NET* e é amplamente utilizada na implementação de sistemas de informações.

_ ASP – É a sigla de *Active Server Pages*, ou páginas ativas de servidor. Consiste em uma linguagem desenvolvida para ambiente *web* elaborada pela *Microsoft*. Permite a criação de páginas e aplicações *web* dinâmicas, o que confere maior interação com o usuário. A linguagem ASP também é bastante empregada em aplicações *web* que necessitam utilizar e manipular banco de dados.

_ Java – Foi desenvolvida pela empresa norte-americana *Sun Microsystems* no início dos anos de 1990. Tem sua origem na implementação de programas para a automatização de aparelhos eletrodomésticos. O nome **Java** é uma homenagem à ilha de Java, local que produz um tipo de café que é consumido pela equipe de desenvolvedores da Sun. O propósito inicial do uso de Java para eletrodomésticos não vingou por inúmeras causas; porém, com o surgimento da *web*, a Sun viu nela um mercado promissor e passou a desenvolver uma linguagem que permitisse a manipulação de dados na *web*. A Sun apostou, e hoje os principais *browsers* (ver parte III – Internet), inclusive o *Internet Explorer*, da *Microsoft*, utilizam tecnologia Java.

---

* *NET: dot NET*, ou ponto *NET*, é uma plataforma desenvolvida pela *Microsoft* com intuito de se tornar um padrão mundial para o desenvolvimento de aplicações.

_ *Javascript* – Não é o mesmo que linguagem Java. A empresa criadora dessa linguagem é a Netscape, pioneira do segmento de *browsers*. Apesar de também ser aplicada em ambiente *web*, é bem mais simples e prática de se utilizar e tem a vantagem de tornar páginas *web* mais atraentes e dinâmicas. Comandos JavaScript podem ser inseridos em programas em linguagem HTML, pois praticamente todos os *browsers* conseguem interpretar tal configuração.

_ HTML – Muito utilizada nos dias de hoje, é considerada uma linguagem de marcação de texto, e não uma linguagem de programação. HTML é a sigla de *HyperText Markup Language*, ou linguagem de marcação de hipertexto, que é a estrutura padrão utilizada para a navegação na *web*. Cada *link* em uma página *web* é entendida como sendo um hipertexto. Sua sintaxe é formada por *tags*, comandos que informam as características de formatação de um documento. É uma linguagem bastante simples e fácil de ser utilizada mesmo para usuários inexperientes.

[categorias de *software*]

Podemos classificar os *softwares* de diversas maneiras. Inicialmente vamos enfocar o *software* sob a óptica de sua comercialização/distribuição, destacando as categorias descritas a seguir.

_ *Software* livre – A principal diferença entre um *software* livre e um *software* gratuito é que o livre disponibiliza seu código-fonte* ao público, ou seja, qualquer pessoa que necessitar do *software* pode alterá-lo e adequá-lo às suas necessidades sem custo. Um exemplo desse tipo de *software* é o sistema operacional Linux.

---

* Código-fonte: termo utilizado em referência às linhas de códigos ou programas que determinam o que o *software* deve fazer.

_ *Software* gratuito, ou *freeware* – Nesse caso, a utilização do *software* é gratuita, porém seu código-fonte não é aberto. Logo, não é possível realizar adaptações em um *freeware*, mas simplesmente usufruir de seus benefícios.

_ *Shareware* – É uma modalidade de distribuição de *software* na qual o usuário utiliza o produto por um período determinado de tempo. Pode ser considerada uma estratégia de *marketing*, pois, esgotado o tempo de uso designado pelo fabricante, o usuário deve optar por sua aquisição ou não, como se realizasse um test *drive* do *software*. Empresas fornecedoras de jogos para computador e de aplicativos comerciais utilizam-se freqüentemente dessa estratégia para divulgarem seus produtos no mercado.

_ *Software* proprietário – É todo *software* que é vendido no mercado e mantido por uma empresa fabricante de *software*. Para se obter direito ao uso, é necessário pagar um valor designado **licença de uso**, sendo preciso ter, normalmente, uma licença por equipamento. Essa estratégia de comercialização foi inventada por Bill Gates, o poderoso proprietário da Microsoft. Observemos que todo o suporte ao usuário deve ser prestado pelo fabricante, bem como muitas correções e atualizações necessárias para o correto funcionamento do produto.

[*software* de sistemas]

Principal programa responsável pelo funcionamento de um computador, o *software* de sistemas tem a finalidade de gerenciar a interface com o usuário, ou seja, é esse *software* que controla os comandos solicitados por um usuário, como gravar um arquivo ou imprimir um documento, por exemplo. Também conhecido como **sistema operacional** (SO), o

aplicativos_

software de sistemas é o primeiro programa a ser instalado em um computador. Existem diversos SOs disponíveis no mercado, mas destacamos o *Windows*, fabricado pela *Microsoft*, e o Linux, *software* livre, que não possui custo de aquisição de licença.

A propósito, o que vem a ser licença de *software*? Podemos definir **licença de *software*,** ou **licenciamento**, como o direito de uso de um *software* mediante pagamento. No caso do sistema *Windows*, deve ser adquirida uma licença por máquina, num valor que é determinado pelo fabricante do produto, no caso a *Microsoft*. No entanto, existem SOs que não possuem esse custo, como, por exemplo, o Linux. Tal situação deve-se ao fato de este ser um sistema do tipo *open source*, ou seja, é um *software* de código aberto que está disponível para quem desejar utilizá-lo. A seguir, examinaremos em maiores detalhes os SOs *Windows* e Linux.

Sistema operacional *Windows*

A empresa criadora do *Windows* é a *Microsoft*. Seu proprietário acumula, desde o lançamento de sua primeira versão de SO para PC – o MS DOS –, a maior fortuna pessoal do planeta.

Conforme mencionado, o produto que impulsionou a supremacia atual da *Microsoft* no segmento de SOs foi o DOS, que é a sigla de *Disk Operating System*, ou sistema operacional de disco. Quando esse tipo de SO era utilizado, ele era armazenado em um disquete e tinha que ser colocado no *drive* de disquete para que o PC pudesse ler o sistema e carregá-lo para a memória RAM. Sua interface era baseada em comandos que deviam ser digitados para executar determinadas operações.

Porém, uma revolução no segmento de sistemas foi desencadeada quando se apresentou ao mercado a primeira versão de um sistema baseado em interface gráfica, que, para ser utilizado, exige o auxílio de um *mouse*. Surgia no mercado o *Windows*. A seguir, destacamos, de forma breve, a evolução do SO *Windows*:

_ *Windows 3.0* – Lançado em 1985, explodiu no mercado em 1990 e eliminou a necessidade de digitação manual de comandos. O usuário passou a acessar janelas, daí o nome *Windows* (que, em inglês, significa "janela").

_ *Windows 3.1* – Lançado em 1991 nos Estados Unidos e em 1992 no Brasil, apresentou uma melhora na interface visual.

_ *Windows 3.11* – Com recursos adicionais para trabalhar em ambiente de rede, surgiu em 1993. Permitia interação entre *softwares*, como *Word* e *Excel*.

_ *Windows NT* – Foi uma versão lançada em 1993 para trabalhar em ambiente de rede.

_ *Windows 95* – Introduziu o conceito de desktop, que permitia "arrastar" arquivos usando o *mouse*. Apresentou a inédita tecnologia *plug and play**.

_ *Windows 98* – Foi a versão que permitiu a integração do SO à internet, sendo lançado juntamente com o navegador *Windows Explorer*.

_ *Windows ME* – Versão *Milenium Edition*, integrou diversos recursos multimídia, mas não obteve sucesso, devido aos inúmeros problemas que apresentava.

---

* *Plug and play*: tecnologia que permite ao usuário realizar configurações e instalações automáticas de dispositivos e *softwares* ao ligar a máquina, eliminando a necessidade de conhecimentos avançados em informática.

_ *Windows 2000* – Evolução da versão *Windows NT*, era mais estável e tinha novas funcionalidades.

_ *Windows XP* – Lançado em 2001, introduziu uma nova interface gráfica e alguns recursos adicionais para atividades multimídia. Foi completamente abandonada a plataforma DOS. Houve a conversão para uma versão única, tanto para usuários domésticos como para ambientes de rede. Está disponível nas versões *Home Edition* e *Professional*.

A figura apresentada a seguir demonstra a evolução do SO *Windows* ao longo dos anos.

Quadro 3.1 – Evolução das versões do SO *Microsoft Windows*

	Originou-se do DOS, Windows 1.0 e Windows 9x	Originou-se do Windows NT
1990	Windows 3x	
1993		Windows NT
1995	Windows 95	
1996		Windows NT Workstation
1998	Windows 98	
2000	Windows Me	Windows 2000 Professional
2001	Windows XP Home Edition	Windows XP Professional

Fonte: WINDOWS, 2007.

Ressaltamos ainda o lançamento, em 2006, do *Windows Vista*, um sistema que apresenta uma interface impecável, com características de segurança mais apuradas e promessas de alta estabilidade.

Sistema operacional Linux

Antes de tratarmos do SO Linux, precisamos abordar o SO que foi o seu precursor. Estamos nos referindo ao Unix, que é um SO fornecido com o código-fonte livre. Gigantes multinacionais*, na década de 1970, iniciaram o desenvolvimento de versões próprias do Unix. Devido ao fato de essas versões não serem padronizadas, seu sucesso comercial foi prejudicado. Então, surgiu o Linux como resultado da possibilidade de, com base no Unix, desenvolver um SO mais simples e mais aderente às necessidades dos usuários.

Esse sistema foi criado, em 1991, por Linus Torvalds, que, na época, era um estudante de Ciência da Computação da Universidade de Helsinki, na Finlândia. Hoje é possível baixarmos versões do Linux a partir da internet. Esse SO oferece algumas vantagens em relação ao *Windows*, dentre as quais podemos destacar:

_ não possui custo de licenciamento;
_ apresenta maior nível de segurança;
_ é mais estável e não "trava";
_ possui código-fonte aberto.

No entanto, algumas desvantagens em relação ao *Windows* também merecem destaque:

_ apresenta custo de manutenção elevado;
_ existe carência de mão-de-obra especializada;
_ é incompatível com inúmeros *softwares* e *hardwares*;
_ possui interface menos amigável.

Uma questão importante que devemos observar neste ponto é o surgimento de entidades denominadas **distribuidoras**. Uma distribuidora de produtos Linux se constitui em uma empresa que, de posse do código original do Linux, faz modificações e melhorias no produto e beneficia-se vendendo serviços agregados à própria versão que ela configurou.

---

* AT&T, Hewlett-Packard e DEC.

Algumas das distribuidoras que atuam nesse mercado são a Conectiva, a *Red Hat*, entre outras.

Outros sistemas operacionais

Além dos SOs descritos anteriormente, outros merecem atenção especial, como os apresentados a seguir.

_ MAC OS – É um SO fabricado pela Apple Computer, empresa norte-americana fabricante de microcomputadores e produtora de *softwares*. Seu fundador e proprietário, Steve Jobs, caracteriza-se como um dos empresários que mais lançam inovações na área e é o idealizador do microcomputador Macintosh. Baseado no sistema operacional Unix, é um dos SOs mais vendidos atualmente. A versão MAC OS X Tiger apresenta uma interface gráfica denominada **Aqua**, que oferece uma usabilidade extremamente confortável ao usuário devido à presença de bordas arredondadas e cores mais agradáveis.

_ Solaris – É um SO totalmente baseado no Unix, desenvolvido pela empresa Sun Microsystems e indicado para grandes empresas que necessitam de alta *performance* no gerenciamento de suas redes e servidores.

_ FreeBSD – É um SO livre cuja origem é o BSD (Berkeley Software Distribution), que é uma família de SOs desenvolvida na Universidade de Berkeley, entre 1970 e 1980. Baseado no Unix, é um SO robusto e estável, indicado principalmente para servidores. Outros SOs fazem parte da família BSD, entre eles o NetBSD e o OpenBSD.

[*software* aplicativo]

Um *software* aplicativo consiste basicamente em um programa que desempenha atividades e aplicações (comerciais ou pessoais) específicas para um usuário.

Os aplicativos mais utilizados são as *suites office**, utilizadas para a automação de escritórios. Como exemplo, podemos citar o *Microsoft Office* e o *OpenOffice***, este último em versão gratuita.

Uma *suite office* apresenta normalmente os seguintes aplicativos:
_ editor de textos;
_ planilha eletrônica;
_ editor de páginas HTML;
_ ferramenta de correio eletrônico;
_ *software* de apresentações;
_ gerenciador de banco de dados.

Na parte IV deste livro, apresentaremos, com um maior nível de detalhamento, os aplicativos de edição de texto (*Word*), de planilha eletrônica (*Excel*) e de apresentação (*PowerPoint*).

[outros tipos de *software*]

Compactador de arquivos

A compressão de arquivos é uma técnica que consiste em compactar um arquivo tornando-o menor e, conseqüentemente, fazendo com que

---

* *Suites office*: conjuntos de pacotes aplicativos que integram as principais funções de um escritório.
** *OpenOffice*: aplicativo do tipo *suite* para escritório, disponível para *download* em http://www.openoffice.org.br.

ocupe menos espaço de armazenamento. Existem várias técnicas para a compressão de arquivos e inúmeros *softwares* especializados nessa função. O compactador denominado **zip** foi um dos pioneiros nesse segmento. É por isso que, quando compactamos um arquivo, passamos a chamá-lo de arquivo "zipado". Atualmente as técnicas de compressão apresentam um alto grau de compactação, dado principalmente o tamanho dos arquivos atuais, que podem conter imagens, sons e vídeos. Cada compactador apresenta uma determinada taxa de compressão. Quanto maior for essa taxa, menor será o tamanho do arquivo comprimido.*

Editoração eletrônica

A editoração consiste em todas as atividades de criação, montagem e impressão de documentos em formato profissional. Os *softwares* de editoração eletrônica contribuem sobremaneira para facilitar essas atividades para o usuário, permitindo a elaboração de manuais técnicos, revistas, catálogos de produtos etc. São conhecidos mundialmente como aplicativos *desktop publishing*.

Os *softwares* mais usados nesse segmento são o PageMaker e o InDesign, fabricados pela empresa norte-americana Adobe Systems, líder internacional de mercado de editores eletrônicos para uso em microcomputadores.

Edição de imagens

É um *software* dedicado à manipulação de imagens em geral, permitindo a realização de ajustes, redimensionamentos, modificações, entre outras dezenas de funcionalidades. Fabricado pela Adobe Systems, o

---

* Um dos compactadores mais utilizados atualmente é o Winzip, que está disponível para *download*, em versão *shareware*, através do endereço http://www.winzip.com.

Photoshop é um editor de imagens poderoso e líder de mercado.

Antivírus

É um *software* cuja finalidade é detectar e tratar a presença de vírus em um microcomputador. Vírus são arquivos de códigos maliciosos que, ao serem instalados em um computador, podem trazer transtornos ao usuário. A cada hora são desenvolvidas centenas ou até milhares de novos vírus em todo o planeta; portanto, um *software* de antivírus deve estar sempre atualizado.

[resumo do capítulo]

Dedicamos especial atenção a aspectos relacionados ao *software*. Apresentamos as principais categorias de *software* existentes no mercado e discutimos os conceitos de *software* de sistemas e *software* aplicativo. Abordamos, ainda, as formas mais comuns de comercialização de *software*, bem como os SOs líderes do mercado mundial – *Windows* e Linux –, descrevendo sua evolução. Tratamos também de outras categorias de *softwares* aplicativos, destacando os produtos mais utilizados.

[questões para debate]

1. O que são linguagens de programação?

2. Quais as principais linguagens de programação existentes e quais são suas aplicações?

3. Defina os seguintes termos: *software* livre; *freeware*; *shareware*; *software* proprietário.

4. Apresente as principais vantagens do SO *Windows* em relação ao *Linux*.

5. Apresente as principais vantagens do SO Linux em relação ao *Windows*.

6. O que são *softwares* aplicativos?

7. Descreva as funções dos aplicativos relacionados a seguir: compactador de arquivos; editor eletrônico; antivírus.

```
0000_0100 = IV
```

banco
de_dados_

Se
você
pode
sonhar,
você
pode
fazer.

_Walt Disney

O gerenciamento adequado dos dados de uma organização permite tornar as tomadas de decisão mais precisas e eficientes. Para tanto, faz-se necessário o emprego de modernas tecnologias de banco de dados. Turban et al.[1] afirmam que "as organizações devem ser capazes de obter, organizar, analisar e interpretar os dados, para sobreviver nos mercados globais competitivos. E o gerenciamento de dados é fundamental para todas as funções empresariais". Neste capítulo, iremos tratar dos principais conceitos de banco de dados, bem como do conceito de sistema gerenciador de banco de dados (SGBD) e das tecnologias associadas a essas ferramentas.

[banco de dados]

Um dos grandes problemas organizacionais que atormentam os gestores atualmente é a quantidade elevada de dados que trafegam diariamente pela empresa. Quando estes não são adequadamente tratados, de solução passam a ser um grande problema. Para enfrentarmos tal situação, podemos nos valer de um recurso que estrutura e organiza esses dados – os bancos de dados.

E por que os bancos de dados são tão vitais nos dias de hoje? Pensemos em um hospital. Cada paciente possui um prontuário que contém os registros de suas consultas e internamentos. Cada vez que um médico acessa esse prontuário, pode ler todo o histórico do paciente e assim fazer um diagnóstico de uma forma mais eficaz. Mas esse hospital possui 10 mil pacientes, e a cada nova consulta a busca pelo prontuário correto deve ser realizada. Imagine quanto tempo isso poderia demorar! Inúmeros problemas como esse podem ser solucionados com a automatização do controle de prontuários por meio da tecnologia de banco de dados.

Para iniciarmos a discussão acerca desse tema, podemos definir banco de dados conforme pensam Korth e Silberschatz[2]. Para esses autores, banco de dados pode ser considerado uma coleção de dados inter-relacionados que representam informações sobre um domínio específico, ou seja, um agrupamento de dados que representam alguma entidade, tal como produtos, clientes, fornecedores etc. É responsável, portanto, pelo armazenamento dos dados de uma empresa. Todas as informações, como as relativas a produtos em estoque, clientes inadimplentes e fornecedores de matéria-prima, para citarmos alguns exemplos, ficam armazenadas em um banco de dados. Stair[3] afirma que, se uma organização não possui dados ou a capacidade de processá-los, não terá condições de obter sucesso em grande parte de suas atividades empresariais.

Está convencionado em nível mundial que representamos graficamente um banco de dados por meio de uma figura geométrica em forma de recipiente, como pode ser visualizado na figura apresentada a seguir.

Figura 4.1– Representação gráfica de bancos de dados

Figura 4.2 – Hierarquia dos dados

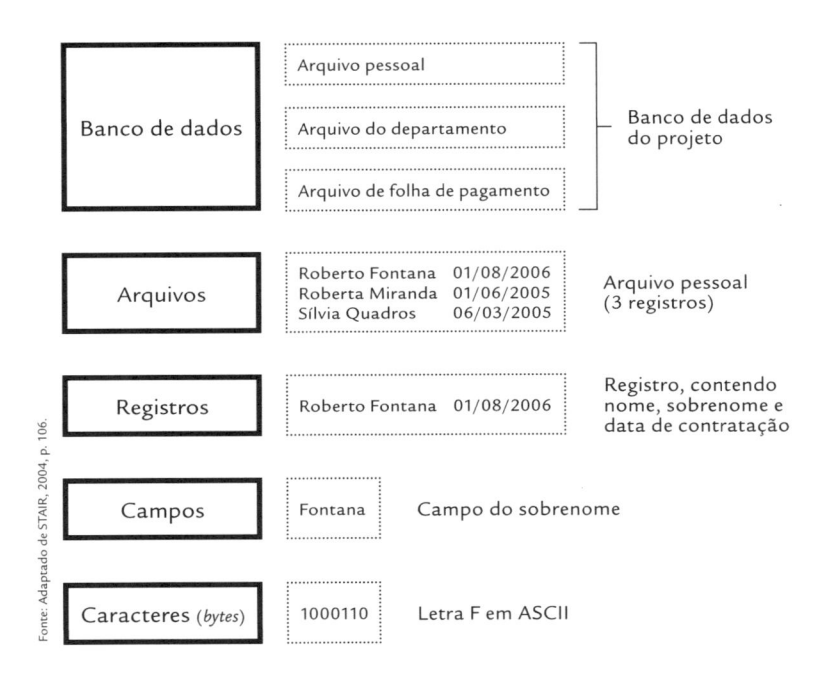

Banco de dados	Arquivo pessoal	Banco de dados do projeto
	Arquivo do departamento	
	Arquivo de folha de pagamento	

Arquivos	Roberto Fontana 01/08/2006 Roberta Miranda 01/06/2005 Sílvia Quadros 06/03/2005	Arquivo pessoal (3 registros)

Registros	Roberto Fontana 01/08/2006	Registro, contendo nome, sobrenome e data de contratação

Campos	Fontana	Campo do sobrenome

Caracteres (*bytes*)	1000110	Letra F em ASCII

Fonte: Adaptado de STAIR, 2004, p. 106.

Ao organizarmos os dados, um dos principais objetivos é tratá-los de forma tal que se transformem em informação útil para o usuário. Para tanto, eles precisam ser organizados e trabalhados em fases ou camadas. Para esclarecermos esse conceito, vamos nos fundamentar em Stair[4], que define a hierarquia dos dados. Para ele, estes são organizados a partir da menor unidade de dados utilizada em sistemas computacionais, um **bit**. Um conjunto constituído de oito *bits* forma um **byte**, e cada *byte* representa um **caractere**, que pode ser considerado a matéria-prima da informação. Vários caracteres formam um **campo**, por exemplo, os campos "nome", "endereço", "fone" etc. Ao conjunto de campos denominamos **registro**. No exemplo citado anteriormente, um registro poderia ser "Roberto, Rua XV de novembro, 2123-2123". O conjunto de registros constitui um **arquivo de dados**, o qual, por sua vez, em conjunto, forma um **banco de dados**. A partir da análise da Figura 4.2 apresentada na página anterior, é possível visualizarmos essa hierarquia.

Os bancos de dados mais utilizados são os **relacionais**, que são representados por meio de tabelas bidimensionais (linhas e colunas). Portanto, um banco de dados pode ser entendido também como um conjunto de tabelas que se relacionam. A figura a seguir apresenta a estrutura de uma tabela bidimensional.

Figura 4.3 – Tabela de dados

Clientes : Tabela					
Código do Cliente	Nome do Conta	Cidade	Estado	CEP	País/região
1	Leandro	Manaus	AM	800000	Brasil
2	Lídia	Sorocaba	SP	800000	Brasil
3	Marília	Salvador	BA	800000	Brasil
(AutoNumeração)					

[sistema gerenciador de banco de dados]

Conforme pudemos constatar ao enfocarmos a hierarquia de dados apresentada no tópico anterior, uma empresa pode possuir diversos bancos de dados: de clientes, empregados, departamento, produção, estoque, entre outros. Muitas vezes, algumas informações contidas em um banco de dados estão duplicadas em outro ou, em outras situações, algumas informações estão atualizadas em um banco e desatualizadas em outro. Esses problemas podem ocorrer devido à falta de um gerenciamento efetivo desses bancos de dados. Para evitar transtornos dessa natureza, foram desenvolvidos os **sistemas gerenciadores de bancos de dados** (**SGBD**), programas específicos utilizados para gerenciar a interface entre os bancos de dados dos sistemas e o usuário. Dessa forma, os diversos bancos de dados existentes são gerenciados por esse programa como se fossem um só. Assim, ao ser realizada uma alteração cadastral de um cliente, esta irá atualizar todas as bases de dados relacionadas a esse cliente.

Podemos conceituar um SGBD como um *software* que tem a finalidade de administrar, tratar e permitir uma interface com um usuário que necessita de dados específicos. Para Batista[5], SGBD é "um tipo de banco de dados que possui um único arquivo para armazenamento de todas as tabelas e registros e algumas outras características técnicas. Os dados nele armazenados ficam disponíveis para qualquer aplicação desejada". Logo, um SGBD permite a uma empresa gerenciar seus dados de forma mais eficiente, eliminando problemas como redundância de dados e possibilitando que estes tenham maior integridade. Os bancos de dados constituem, pois, a matéria-prima para os sistemas de informação.

O mercado oferece inúmeros produtos de SGBD. O quadro apresentado a seguir resume os mais utilizados atualmente pelas empresas.

Quadro 4.1 – Principais produtos de SGBD existentes no mercado

Produto	Fornecedor	Características
MySQL	*Software* livre	Fácil de usar e gratuito.
Oracle Database 10g	Oracle Corporation	Líder de mercado e multiplataforma.
DB2	IBM	Banco de dados relacional.
MS SQL Server	Microsoft	Robusto e utilizado por grandes empresas (plataforma *Windows*).
MS Access	Microsoft	Simples, facilidade de uso e faz parte da *suite Microsoft Office*.

Os sistemas gerenciadores de banco de dados podem oferecer inúmeras vantagens para uma empresa que emprega essa tecnologia, dentre as quais apontamos:

_ redução de redundância e inconsistência de dados;

_ aumento da segurança sobre os dados;

_ maior integração com os sistemas de informação existentes;

_ maior facilidade de acesso aos dados;

_ fortalecimento da integridade das informações por meio da geração de relatórios gerenciais;

_ possibilidade de aplicações diversas de forma independente;

_ diminuição de custos com manutenção das bases de dados existentes.

Um SGBD, em geral, utiliza dois tipos de linguagens[6]:

_ linguagem de definição de dados: responsável pela indicação de como o dado irá aparecer no banco de dados;

_ linguagem de manipulação de dados: permite a recuperação de dados contidos em um banco de dados por meio de ferramentas apropriadas. A linguagem de manipulação mais conhecida é a SQL (*Structure Query Language*), que abordaremos no próximo tópico.

[linguagem de consulta SQL]

Um conceito importante e que merece ser estudado com maior atenção é o conceito de **linguagem SQL**, sigla de *Structure Query Language* (linguagem de consulta estruturada). Termo originalmente utilizado pela IBM, atualmente é de domínio público. Refere-se a uma linguagem padrão para consulta em um banco de dados relacional, o qual, como comentamos no tópico anterior, consiste em um conjunto de diversas tabelas que se relacionam entre si por meio da utilização de um SGBD.

O SQL é uma linguagem declarativa que se baseia em três comandos básicos: *select*, *from* e *where*. Para simplificar, utilizaremos o nome dessas declarações (descritas a seguir) em português – **selecione**, **a partir de** e **onde**.

a) **Selecione** – Comando que permite ao usuário definir os campos que irão constar no relatório.

b) **A partir de** – Comando que possibilita informar a partir de qual banco de dados o programa deve fazer a busca.

c) **Onde** – Através desse comando, é estabelecida uma condição de consulta. Para tanto, são usados operadores relacionais, tais como = (igual), > (maior que), < (menor que) etc.

Vamos partir de uma situação hipotética. Um determinado usuário pretende montar um relatório de clientes de acordo com a cidade em que eles nasceram, porém precisa apenas dos nascidos no Estado do Paraná.

Como ficaria a consulta em SQL desse usuário?

Selecione nome, cidade, telefone — Campo
A partir de cliente — Arquivo
Onde estado = Paraná — Condição

Podemos verificar, por meio dessa exemplificação, toda a praticidade e o potencial dessa ferramenta. É bem verdade que nosso exemplo não apontou complexidade na resolução, mas é certo que, com a utilização da SQL, uma empresa pode atingir um alto grau de eficácia na confecção de seus relatórios gerenciais.

[modelos de dados]

Quando uma organização decide estruturar o gerenciamento de seus dados, pode optar por diversos tipos de modelos de dados lógicos existentes. Cada um deles apresenta características específicas, e cabe ao administrador de dados da empresa escolher o mais adequado às suas necessidades. Turban et al.[7] destacam as vantagens e as desvantagens dos três modelos mais utilizados: hierárquico, relacional e de rede. É isso o que podemos ler no quadro a seguir.

Quadro 4.2 – Vantagens e desvantagens dos modelos de dados

Modelo	Vantagens	Desvantagens
Hierárquico	Velocidade e eficiência nas pesquisas.	Alta dependência do administrador de dados e limitação da flexibilidade nas pesquisas e nas consultas.
Relacional	Simplicidade nos conceitos e na estruturação, bem como facilidade de inclusão de novos dados e registros.	Menor velocidade de processamento e maior necessidade de manutenção.
De rede	Permite uma maior quantidade de relações.	Complexidade na implementação, na manutenção e na estruturação.

Fonte: Adaptado de Turban et al., 2003, p. 150.

Alguns modelos de dados destacam-se como emergentes e já vêm ocupando relevante papel nas organizações mais inovadoras. Observemos que os modelos tratados até aqui não possuem características e funcionalidades adequadas para trabalhar com o armazenamento de imagens, sons e vídeos (arquivos multimídia), o que representa hoje uma demanda organizacional. Outra necessidade iminente é o armazenamento de arquivos de internet ou hipermídia. Para suprir tais exigências, destacamos ainda os seguintes modelos de dados:

_ modelo multidimensional: indicado para trabalhar grandes quantidades de dados e análises temporais multidimensionais;

_ modelo orientado a objetos: permite gerenciar arquivos multimídia, principalmente desenhos de engenharia e imagens diversas;

_ modelo de hipermídia: sua aplicação principal é no gerenciamento do armazenamento de *links* e páginas da *web*.

[microsoft access]

O *Microsoft Access* é um *software* aplicativo utilizado para a organização de dados de empresas de pequeno e médio porte. É um gerenciador de banco de dados desenvolvido para ambiente *Windows* pela empresa norte-americana *Microsoft* e faz parte do pacote *Office*. Possui interface intuitiva e amigável, podendo ser usado por empresas e usuários com pouca experiência, haja vista apresentar um recurso de assistente que facilita o aprendizado de seu modo de utilização. As principais funcionalidades do *Access* são:

_ tabelas: utilizadas para o armazenamento de dados em linhas e colunas; um banco de dados pode conter uma ou mais tabelas;
_ consultas: utilizadas para a recuperação e o processamento dos dados; combinam dados de diferentes tabelas, atualizam dados e executam cálculos com base nesses dados;
_ formulários: utilizados para o controle das entradas de dados; é através dos formulários que o usuário alimenta um banco de dados;
_ relatórios: utilizados na transformação dos dados de tabelas e consultas em documentos em formato de relatórios gerenciais, configurados conforme as necessidades do usuário.

[resumo do capítulo]

Enfocamos os principais conceitos relacionados a banco de dados, ferramenta que permite a uma empresa organizar seus dados e gerenciar seus processos de armazenamento, tratamento e recuperação de dados. Abordamos também o conceito de sistema gerenciador de banco de dados (SGBD) e as principais tecnologias associadas a ele. Apresentamos ainda a linguagem de consulta SQL e a estrutura de uma solicitação baseada nos comandos *select*, *from* e *where*. Por fim, descrevemos os principais modelos de dados – hierárquico, relacional e de redes – e um *software* específico para gerenciamento de dados, o *Microsoft Access*.

[questões para debate]

1. Defina banco de dados.

2. Analise a observação de Stair: se uma organização não possui dados ou a capacidade de processá-los, não terá condições de obter sucesso em grande parte de suas atividades empresariais.

3. Descreva a hierarquia de dados.

4. O que é uma tabela?

5. O que é um SGBD?

6. Cite as principais vantagens de um SGBD.

7. O que é linguagem SQL? Qual sua principal aplicação?

8. Quais os principais modelos de dados existentes?

9. Cite duas aplicações comerciais para o *Microsoft Access*.

```
0000_0101 = V
```

redes_de
computadores_

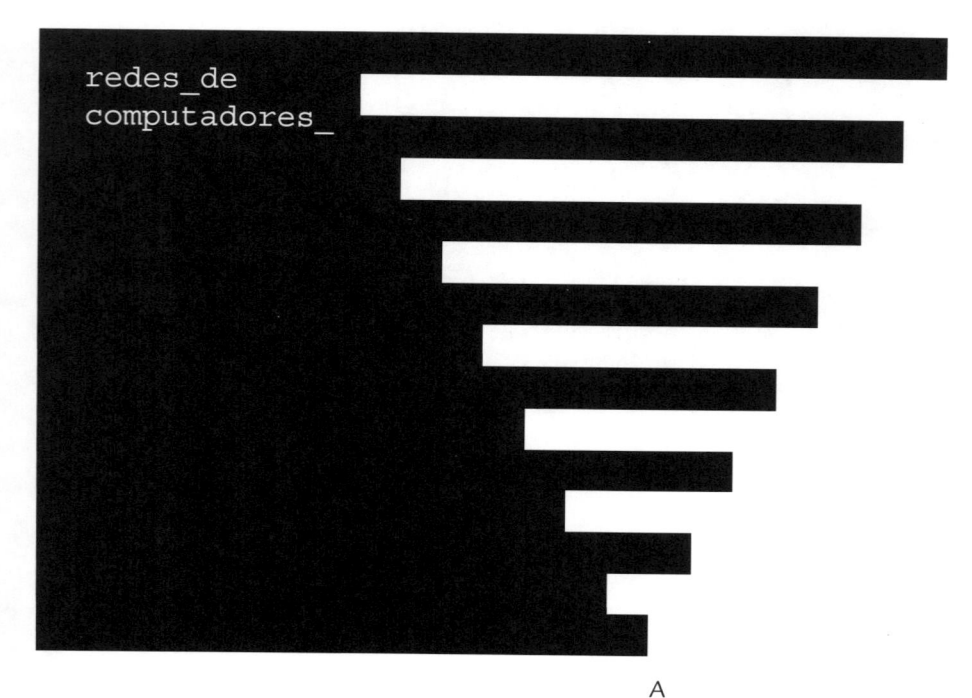

A
prática
deve
estar
sempre
apoiada
na
boa
teoria.

_Leonardo da Vinci

Neste capítulo, vamos nos ater especialmente ao estudo das redes de computadores, que, junto com os computadores pessoais, constituem a principal tecnologia responsável pela descentralização das informações nas empresas modernas. Identificaremos em detalhes os principais conceitos relacionados às redes de computadores, bem como toda a infra-estrutura básica necessária para a interconexão de computadores. Abordaremos ainda os mais importantes protocolos de comunicação, meios de transmissão e tipos de tecnologias de redes existentes no mercado.

[teleprocessamento e redes de computadores]

Há poucos anos, **teleprocessamento** era considerado o termo mais apropriado para fazer referência à transmissão de dados ou informações. Para Silveira[1], "denomina-se teleprocessamento a troca de informações em sistemas de computação utilizando as facilidades das telecomunicações". Assim, a junção de duas tecnologias distintas – telecomunicações e processamento – permitia o processamento a distância, mas, para tanto, utilizava-se o conceito de processamento centralizado, ou seja, uma máquina central com alta capacidade tecnológica tinha a tarefa de processar todos os dados. Para Tanembaum[2], "o velho conceito de um computador atendendo todas as necessidades computacionais da organização foi substituído pelas chamadas redes de computadores, nas quais os trabalhos são realizados por uma série de computadores interconectados".

Dois ou mais computadores conectados constituem uma **rede de computadores** (***network***), a qual disponibiliza as ferramentas de comunicação que permitem aos computadores o compartilhamento de informações e serviços, isto é, são usados protocolos – *softwares* que definem as regras e os procedimentos que permitem a comunicação entre os equipamentos da rede. No tópico seguinte, vamos tratar dos protocolos em maiores detalhes.

Uma rede de computadores traz inúmeros benefícios para uma empresa, dentre os quais destacamos:
_ o compartilhamento de recursos (*hardware*, *software*, periféricos e arquivos de bancos de dados) e
_ a conectividade, sem limitações geográficas, entre empresas do mesmo grupo (matriz e filiais) ou mesmo entre empresa e fornecedores e/ou parceiros.

A população em geral também se beneficia da tecnologia de rede por meio de[3]:
_ acesso a informações remotas: serviços de bancos eletrônicos, compras por catálogos *on-line*, jornais e periódicos *on-line*, acesso à *World Wide Web* (WWW), que contém dados sobre artes, saúde, governo, história, esportes etc.;
_ comunicação pessoa a pessoa: correio eletrônico ou *e-mail*, videoconferência, *newsgroup* etc.;
_ diversão interativa: vídeo sob demanda, jogos de simulação em tempo real etc.

Atualmente, quanto maior a conectividade de uma empresa, mais competitiva ela se torna. Por conectividade entendemos a capacidade que os diversos recursos computacionais têm de comunicar-se entre si por meio de equipamentos de rede, sem a intervenção humana[4]. Um exemplo de tecnologia aplicada nas empresas, atualmente, que reflete tal cenário é o EDI (*Eletronic Data Interchange*, ou intercâmbio eletrônico de dados), o qual se constitui em uma aplicação em rede que transmite arquivos eletrônicos ou documentos de uma empresa para outra. Um exemplo de utilização dessa tecnologia é a transmissão da folha de pagamento de uma empresa para uma instituição bancária.

[protocolo]

O conceito de **protocolo** deve ser bem compreendido quando estudamos redes de computadores, tendo em vista ser o responsável pelas comunicações entre dois ou mais computadores. Segundo Gallo[5], protocolo é a linguagem padrão usada pelos membros de uma rede, facilitando o entendimento na comunicação. Protocolo pode ainda ser considerado o conjunto de regras e procedimentos que devem ser seguidos por todos que desejam interconectar-se, independentemente de onde se encontram e da tecnologia ou plataforma empregada. Podemos exemplificar a função de um protocolo imaginando duas pessoas conversando ao telefone. Uma fala o idioma italiano e outra, o português. O protocolo de comunicação (um *software* de comunicação) se encarrega de converter ou traduzir as falas dos interlocutores, de forma que os dois consigam estabelecer uma comunicação eficiente.

Devido ao conceito de protocolo, conseguimos nos conectar à internet, enviar e receber um *e-mail*, transferir um arquivo etc. Destacamos a seguir os principais protocolos utilizados:

_ TCP/IP (*Transmission Control Protocol*, ou protocolo de controle de transmissão, e *Internet Protocol*, ou protocolo da internet) – Trata-se, na verdade, de um conjunto de dois protocolos responsáveis pelo funcionamento da atual internet. Elas permitem a interconexão de vários tipos de redes baseadas no conceito de pacotes*, possibilitando, assim, a interoperabilidade entre redes heterogêneas. O protocolo TCP é responsável pela transmissão confiável, íntegra e sem erros, enquanto o IP se encarrega do endereçamento correto da mensagem, funcionando de modo análogo ao sistema postal tradicional. Cabe salientar que cada máquina na rede possui um endereço IP (único) e um nome lógico correspondente chamado **domínio**. Por exemplo, o domínio "http://www.primazia.com.br" possui o endereço "IP 192.20.6.09", e é esse número que é reconhecido pela rede. O tratamento dessa situação é denominado **resolução de nomes**.

_ FTP (*File Transfer Protocol*, ou protocolo de transferência de arquivos) – Permite que um usuário consiga transferir um arquivo entre sistemas distintos.

_ HTTP (*Hypertext Transfer Protocol*, ou protocolo de transferência de hipertexto) – É o protocolo que possibilita a navegação na *World Wide Web* (WWW). Deve ser incluído antes do domínio que se deseja acessar.

_ SMTP (*Simple Mail Transfer Protocol*, ou protocolo simples de transferência de correio eletrônico) – É responsável pelo controle de envio de *e-mails*.

---

* Pacote: a menor unidade de informação transferida por uma rede TCP/IP. É também chamado de **datagrama**.

_ POP (*Post Office Protocol*, ou protocolo de correio eletrônico) – É responsável pelo controle de recebimento de *e-mails*.

_ *Telnet* – É um protocolo de aplicação que permite a conexão remota de um microcomputador a partir de um *login* conhecido e autorizado. Possibilita a emulação de um terminal remoto.

[meios de transmissão]

Quando transmitimos dados ou informações de um local para outro por meio de redes de computadores, necessitamos utilizar um meio físico, ou meio de transmissão, que pode ser com fio ou sem fio (*wireless*). Na seqüência, abordaremos os principais meios de transmissão existentes e suas características e aplicações mais importantes.

Meios com fio

Os principais meios de transmissão com fio são o par trançado, o cabo coaxial e a fibra óptica. Descrevemos a seguir cada um desses meios físicos.

_ Par trançado – É o meio de transmissão mais utilizado em redes locais. Consiste em dois fios de cobre encapados que, em geral, têm cerca de 1 mm de espessura. Os fios são enrolados de forma helicoidal, com a finalidade de reduzir a interferência elétrica. São meios de transmissão muito flexíveis e de baixo custo. Os mais utilizados em redes de computadores são os pares trançados de categoria 5, ou cabos não blindados, também denominados UTP (*Unshielded Twisted Pair*). Sua velocidade pode atingir a ordem de 100 Mbps*.

---

* Mbps: unidade de medida que significa "milhões de *bits* por segundo".

_ **Cabo coaxial** – É composto por um fio de cobre, revestido por um material isolante, um condutor externo entrelaçado e uma capa protetora. Tal composição confere a esse tipo de meio uma excelente imunidade a ruídos e interferências, sendo utilizado para conexões de alta velocidade e para transmissão de TV a cabo. Esse tipo de meio físico vem sendo gradativamente substituído pelas fibras ópticas.

_ **Fibra óptica** – Baseada na tecnologia de *laser*, permite uma transmissão de altíssima velocidade, via milhares de finos canais de vidro. Os dados são transmitidos por pulsos de luz da seguinte forma: um pulso de luz corresponde ao *bit* "1", já a ausência de luz corresponde ao *bit* "0". Uma fibra óptica pode ter o alcance de milhares de quilômetros, além de, em comparação com os demais meios, apresentar maior segurança, principalmente em relação a interferências e sabotagens.

O quadro a seguir resume as principais vantagens de cada tipo de meio de transmissão com fio.

Quadro 5.1 – Comparação entre os meios de transmissão com fio

Meio de transmissão	Vantagens	Desvantagens
Par trançado	- Baixo custo. - Fácil utilização.	- Baixa segurança. - Emite interferência eletromagnética.
Cabo coaxial	- Mais protegido e mais imune a interferências eletromagnéticas.	- Dificuldade de manuseio. - Mais caro que o par trançado.
Fibra óptica	- Maior largura de banda (velocidade). - Mais seguro.	- Alto custo. - Necessidade de manutenção especializada.

Meios sem fio (*wireless*)

O termo **wireless** (*wire* = fio; *less* = menos) pode ser traduzido como "sem fio". Sua utilização cresce a cada dia devido à evolução dessa tecnologia e à queda acentuada de preços que vem sofrendo. Permite uma grande mobilidade na interconexão de microcomputadores, *laptops* e periféricos, além de possibilitar acesso a qualquer momento (*anytime*), independentemente do local (*anywhere*). Dentre as principais tecnologias *wireless* existentes, podemos destacar:

_ Microondas – Foram uma das primeiras tecnologias sem fio utilizadas, principalmente por empresas prestadoras de serviço de telefonia. Atingem grandes distâncias em linha reta, desde que não haja objetos que impeçam o envio e a recepção do sinal. Tendem a ser substituídas pelos sistemas via satélite.

_ Satélite – Largamente empregado para transmissões digitais, atinge enormes distâncias e é amplamente usado por empresas de televisão. Normalmente apresenta atrasos na transmissão devido às grandes distâncias.

_ Radiofreqüência – Opera através de ondas de rádio e utiliza antenas transmissoras e receptoras. É bastante usada para transmissão de dados em alta velocidade por empresas e condomínios.

_ Infra-vermelho – Utiliza altas freqüências e possui curto alcance de distância (em média 1,5 m). Bastante comum para conexão de periféricos como *mouse* e teclado, é a mesma tecnologia usada em aparelhos de controle remoto de televisão.

aplicativos_

_ *Bluetooth* – Permite a interconexão de dispositivos (celulares e periféricos diversos) e opera em uma faixa de freqüência de rádio de 2,4 GHz. Possui limitação de velocidade de 1 Mbps.

_ *WiFi* – (*Wireless Fidelity**, ou fidelidade sem fios) – É uma tecnologia de redes sem fio que faz uso de ondas de rádio de baixa freqüência para transmitir dados com maior nível de segurança. Opera na faixa de 2,4 GHz, possibilita que computadores se comuniquem em rede com velocidade de até 11 Mbps e pode atingir o alcance de até 100 m. Vem recebendo aplicação residencial e empresarial. Os *laptops* mais modernos já trazem essa tecnologia integrada a seus produtos. Caso o equipamento (microcomputador ou *laptop*) não possua essa tecnologia integrada, é possível adquirir no mercado uma placa chamada **PC Card**. Alguns estabelecimentos como hotéis, universidades e aeroportos disponibilizam acesso via *WiFi* para aqueles que desejam conectar-se à internet.

_ UWB (*Ultra Wide Band*, ou banda ultra larga) – É uma recente tecnologia *wireless* que opera na faixa de 3,1 GHz a 10,6 GHz. Atinge velocidade de até 100 Mbps e por isso é indicada para aplicações que exigem mais recursos de rede, tais como vídeo e multimídia.

[classificação das redes de computadores]

As redes de computadores podem ser classificadas de diversas formas. Algumas classificações são determinadas pelas teorias ou pelas tecnologias que deram origem às redes. Outras seguem autores reconhecidos,

---

* Para obter mais esclarecimentos sobre essa tecnologia, buscar informações sobre o padrão 802.11b, que é definido pelo Institute of Electrical and Electronics Engineers (IEEE), entidade responsável pelas padronizações em redes de computadores.

funcionalidades existentes e até o próprio mercado. Tanenbaum[6] classifica as redes de acordo com a escala ou abrangência, como podemos observar no quadro a seguir.

Quadro 5.2 – Classificação das redes quanto à escala ou abragência

Distância	Localização	Exemplo
10 m	Sala	
100 m	Prédio	Rede local - LAN
1 Km	Campus	
10 Km	Cidade	Rede metropolitana - MAN
100 Km	País	
1.000 Km	Continente	Rede geograficamente distribuída - WAN
10.000 Km	Planeta	Inter-rede

Fonte: Adaptado de TANENBAUM, 1997, p. 9.

Destacamos a seguir cada uma das categorias de redes indicadas no quadro anterior, de acordo com sua abrangência: **LAN**, **MAN** e **WAN**.

_ Redes LAN (*Local Area Network*) – São redes locais que conectam computadores e dispositivos dentro de um ambiente pequeno. Normalmente uma LAN atinge o tamanho máximo de um prédio ou *campus* universitário. O principal padrão de rede local chama-se *ethernet*.

> *Ethernet* é um protocolo para redes locais desenvolvido em conjunto pela Xerox, Intel e Digital Equipment Corporation (DEC) no Cento de Pesquisas da Xerox, em Palo Alto (PARC), durante os anos 70.[7]

Esse padrão foi desenvolvido para facilitar e acelerar o processo de comunicação entre computadores e outros dispositivos de rede local. Em 1982, foi apresentado pelo mesmo grupo o padrão *ethernet* versão 2.0 e mais tarde o IEEE especificou um padrão mundial denominado **802.3**, utilizado até os dias de hoje. Esse tipo de rede apresenta como características básicas, a velocidade de 10 Mbps e a limitação de distância de

2,5 Km entre as estações de trabalho. Outras características relevantes das redes *ethernet* aparecem no quadro a seguir.

Quadro 5.3 – Características das redes *ethernet*

Características	Descrição
Atraso	Em qualquer nível de tráfego, a rede deve introduzir o mínimo de atraso possível na transferência de dados.
Baixo custo	Os aperfeiçoamentos tecnológicos reduzem o custo por conexão de estação em uma rede *ethernet*.
Prioridade	Todas as estações possuem acesso à rede de maneira igual, quando medido em tempo de acesso.
Estabilidade	A rede é estável em todas as condições de carga, no sentido de que um dado é entregue de forma íntegra em carga total de rede.
Manutenção	O desenho da rede *ethernet* permite a manutenção da rede, a operação e o planejamento.
Arquitetura em camadas	As redes *ethernet* foram desenhadas de forma que os aspectos lógicos da camada de enlace sejam separados dos aspectos físicos da camada física, sendo possível, portanto, utilizar qualquer tipo de meio físico, com ou sem fio.

A evolução das redes *ethernet* propiciou o aparecimento de duas novas tecnologias baseadas no mesmo princípio da *ethernet* original, porém com maior capacidade de transmissão de dados: *fast ethernet* (velocidade de 100 Mbps) e *gigabit ethernet* (velocidade 1.000 Mbps ou 1 Gbps)*.

Em grande parte das redes locais, encontramos uma estrutura denominada **arquitetura cliente/servidor**, ou seja, uma máquina com maior capacidade de processamento desempenha o papel de servidor de arquivos, e as demais máquinas, ou estações de trabalho, compartilham informações entre si e com o servidor, através de um equipamento concentrador**. Esse modelo é um dos mais usados pelo mercado atualmente.

---

* Gbps: unidade de medida que significa "bilhões de *bits* por segundo".

** Concentrador: equipamento utilizado para interconectar máquinas em uma rede. Os mais utilizados são o *hub* e o *switch*.

_ Redes MAN (*Metropolitan Area Network*) – São redes metropolitanas, com abrangência superior à das LANs. Podem interligar filiais em cidades ou municípios distantes. Utilizam-se muitas vezes de linhas de transmissão de voz ou fibras ópticas e tecnologias de transmissão sem fio. As principais tecnologias de transmissão usadas pelas redes MAN são:

_ FDDI (*Fiber Distributed Data Interface*, ou interface de dados distribuídos em fibra);

_ ISDN (*Integrated Services Digital Network*, ou rede digital de serviços integrados – RDSI);

_ ATM (*Asynchronous Transfer Mode*, ou modo de transferência assíncrono);

_ *Frame relay* – redes de alta velocidade orientadas à conexão.

_ Redes WAN (*Wide Area Network*) – São as redes geograficamente distribuídas e cuja abrangência atinge países e continentes. Fazem uso das mesmas tecnologias de transmissão das MANs.

Gallo[8] destaca, ainda, mais três tipos de redes quanto à escala:

_ Redes PAN (*Personal Area Network*) – São redes pessoais, que se referem a pequenas redes domésticas. Essa modalidade de rede cresce de forma acentuada, dadas a proliferação de computadores nos lares, a facilidade de instalação e configuração oferecida pelos novos sistemas operacionais e a queda dos custos de infra-estrutura de redes.

_ Redes GAN (*Global Area Network*) – Referem-se às redes de longa distância constituídas para a interconexão de uma empresa global ou multinacional.

_ Redes SAN (*Storage Area Network*) – São redes destinadas ao armazenamento de dados.

As redes podem ser classificadas também de acordo com a tipologia, definida como o arranjo físico das máquinas que estão interligadas em rede. Nesse caso, as mais comuns são as redes ponto a ponto e as de difusão.

_ Redes ponto a ponto – São compostas por estações ou nós que somente podem comunicar-se com nós adjacentes. As topologias ponto a ponto mais comuns são estrela, laço e árvore, representadas, respectivamente, nas Figuras 5.1, 5.2 e 5.3.

Figura 5.1 – Topologia em estrela

Figura 5.2 – Topologia em laço

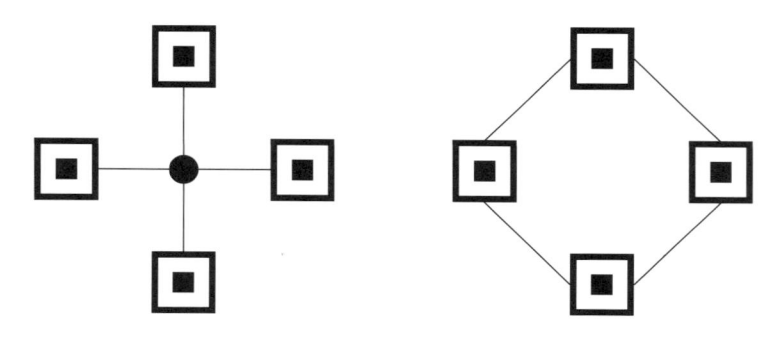

Figura 5.3 – Topologia em árvore

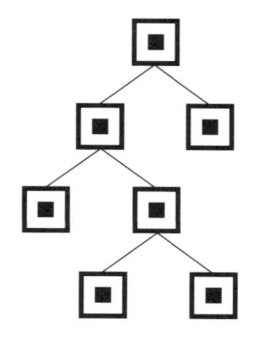

_ Redes de difusão – Consistem de estações ou nós que compartilham um mesmo canal de comunicação, ou seja, quando uma informação é enviada, todas as estações a recebem. As topologias de redes de difusão mais comuns são barramento e anel, representadas, respectivamente, nas Figuras 5.4 e 5.5.

Figura 5.4 – Topologia em barramento

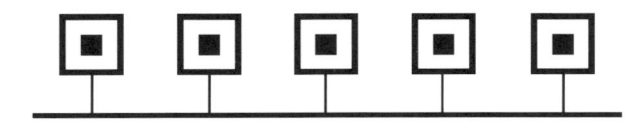

Figura 5.5 – Topologia em anel

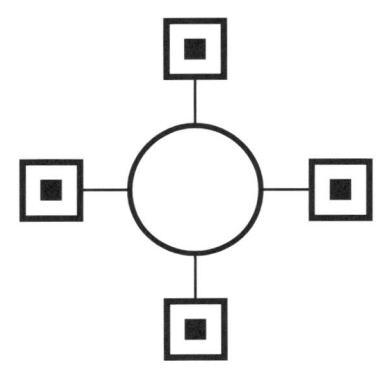

[resumo do capítulo]

Buscamos transmitir os principais conceitos relacionados às redes de computadores. Há pouco tempo empregávamos o termo **teleprocessamento** para nos referir à transmissão eletrônica de dados. Hoje, as redes de computadores constituem uma das principais tecnologias utilizadas em empresas e até mesmo residências. Concentramos especial atenção ao estudo dos protocolos, definidos como regras que determinam a comunicação entre duas ou mais máquinas em uma rede. Apresentamos também os principais meios de comunicação com fio e sem fio (*wireless*), bem como suas características e aplicações. Descrevemos ainda as classificações das redes de computadores quanto à sua escala (LANs, MANs e WANs) e quanto à sua topologia (estrela, laço, árvore, barramento e anel).

[questões para debate]

1. Defina redes de computadores.

2. Quais os principais benefícios de uma rede de computadores para as empresas e as pessoas?

3. O que são protocolos? Por que são importantes para as tecnologias de redes?

4. Qual a relação existente entre os protocolos TCP e IP?

5. O que são meios de transmissão?

6. Cite e descreva os principais meios de transmissão com fio.

7. Cite e descreva os principais meios de transmissão sem fio.

8. O que é uma rede local ou LAN? E uma PAN?

9. O que é arquitetura cliente-servidor?

10. O que é topologia? Cite as principais topologias existentes.

parte_III

[internet]

Na parte II deste livro, examinamos os principais componentes da TI. Esta parte, por sua vez, é uma extensão dos conceitos de redes de computadores e abrange o estudo da grande rede mundial – a internet. Apresentaremos uma visão geral e um breve histórico da internet, abordando sua evolução, bem como analisaremos o estágio atual da internet no Brasil e a internet 2. Enfocaremos, ainda, os principais serviços oferecidos pela grande rede mundial, além das intranets e das extranets. Por fim, dedicaremos especial atenção a aspectos relacionados à segurança das informações na internet.

```
0000_0110 = VI
```

histórico e_evolução da_internet_

O que sabemos é uma gota, o que não sabemos é um oceano.

_Isaac Newton

A finalidade deste capítulo

é oferecer ao leitor uma visão geral da internet, discutindo seu histórico e sua evolução. Para tanto, apresentaremos uma cronologia que marca o surgimento da internet nos Estados Unidos, até chegarmos à sua utilização no Brasil. Identificaremos as primeiras instituições envolvidas com o projeto internet e discutiremos seus conceitos fundamentais de colaboração, compartilhamento e comunicação. Abordaremos ainda as instituições que controlam a internet no Brasil e o Projeto Internet 2, comentando suas principais aplicações.

[internet – visão geral]

Dentre as principais tecnologias produzidas nos últimos anos, nenhuma causou mais impacto para a humanidade do que a internet. Empresas reinventaram novas formas de trabalho e descobriram oportunidades outrora inexistentes. A partir dessa tecnologia, surgiram empresas virtuais que nem mesmo possuem estrutura física tradicional, caso da gigante livraria eletrônica e pioneira nesse segmento, a Amazon*, e de milhares de outras empresas que são fundadas a cada dia, em todo o mundo.

---

* Amazon: empresa pioneira na internet comercial que vende livros, entre outros produtos, através da grande rede. Para obter mais informações, acesse: www.amazon.com.

Além disso, com o advento da internet, milhões de pessoas mudaram seus hábitos e atitudes. Seria possível imaginarmos há algum tempo que nossos compromissos bancários, tais como pagamentos de contas, transferências e financiamentos, para citarmos apenas alguns exemplos, seriam realizados por meio de um computador situado em nossa residência? E que, para nos comunicarmos com um amigo, não precisaríamos mais postar uma carta no correio e aguardar a resposta algumas semanas depois?

Hoje esses novos cenários empresariais e pessoais são possíveis e fazem parte do dia-a-dia de inúmeras empresas e pessoas. Faz-se necessário, desse modo, compreender, com maior nível de detalhamento, o que a internet contempla atualmente, bem como conhecer todas as possibilidades que essa tecnologia pode nos oferecer.

[histórico da internet]

Vamos mencionar aqui informações referentes ao histórico da internet com base em pesquisas feitas em vários *sites* e obras[1]. Nossa intenção é apresentar uma compilação de informações objetivando facilitar o entendimento do leitor. Não nos iremos concentrar em obras de autores específicos, tendo em vista o grande número dos envolvidos no projeto de criação da internet. Há diversas entidades que apresentam um histórico da internet repleto de detalhes, dentre as quais destacamos a Internet Society*.

Os anos de 1960 e 1970 foram marcados pela Guerra Fria entre os EUA

---

* Internet Society: entidade criada em 1992, composta por diversos membros de mais de 180 países e que possui o objetivo de coordenar o futuro da internet. Disponível em: http//:wwwisoc.org.

e a União Soviética. Nessa época, a informação se tornou variável estratégica na competição entre esses dois países.

Em 1967, com o intuito de compartilhar pesquisas militares, foi desenvolvida uma rede pela Defense Advanced Research Projects Agency (Darpa), uma agência de projetos e pesquisas avançadas norte-americana, composta por cientistas militares e civis. Essa rede foi denominada **Arpanet**.

Em 1969, quatro universidades americanas foram interligadas através de seus servidores:
_ Universidade da Califórnia em Los Angeles (Ucla);
_ Instituto de Pesquisa de Stanford (SRI);
_ Universidade de Santa Bárbara;
_ Universidade de Utah.

Essas universidades foram tão bem-sucedidas nesse projeto que rapidamente diversas outras passaram a compartilhar a rede e suas pesquisas.

Em 1971, visando ao funcionamento servidor a servidor, criou-se um protocolo chamado **NCP** (*Network Control Protocol*, ou protocolo de controle de redes), que seria o precursor dos protocolos TCP/IP, comentados no capítulo 5.

O número de participantes da Arpanet acentuou-se até o final dos anos de 1970, quando se resolveu desmembrar a rede em duas novas estruturas: a nova *Arpanet*, exclusivamente voltada para pesquisas, e a *Milnet*, utilizada para fins exclusivamente militares e de defesa. Um problema não demorou a aparecer e atormentar os responsáveis por essas duas redes: a falta de padronização nas comunicações. Cada rede caminhava para uma estrutura proprietária e não aberta. Além disso, o protocolo utilizado, o NCP, já não suportava o tráfego da rede.

Para solucionar esse problema, um novo protocolo foi desenhado. Capaz de suportar milhões de pessoas conectadas à rede, foi lançado no meio acadêmico o TCP/IP, que é usado até os dias de hoje na internet e permite uma arquitetura 100% aberta.

Diversas outras redes foram criadas em seguida, dentre as quais podemos destacar as seguintes:

_ *Usenet* (*Unix User Network*): rede baseada em protocolos existentes no sistema operacional Unix;

_ *Bitnet* (*Because It's Time Network*): rede utilizada em meio acadêmico para o envio de correios eletrônicos;

_ *CSNet* (*Computer and Science Network):* rede voltada a profissionais da área de ciência da computação;

_ *Span* (*Nasa Space Physics Network*): rede criada por pesquisadores físico-espaciais da Nasa*.

O termo **internet** surge com força a partir de 1985, com o amadurecimento de tecnologias associadas, como, por exemplo, o *e-mail* (correio eletrônico), e com o desenvolvimento de diversas aplicações comerciais baseadas nos protocolos TCP/IP. Instala-se, assim, a rede das redes: a internet.

[evolução da internet]

Como vimos no tópico anterior, a internet é uma rede mundial de computadores interconectados. Considerado o maior repositório de informações existentes e acessíveis às pessoas, independentemente do local em que se encontrem, permite-nos inúmeras facilidades e serviços.

---

* Nasa: sigla de National Aeronautics and Space Administration.

No entanto, o que a deixa mais atraente é a velocidade com que se tornou uma tecnologia amplamente difundida em um contexto mundial. O quadro a seguir apresenta a evolução da internet em termos de sua utilização no mundo.

Quadro 6.1 – Evolução da internet em relação a outras tecnologias

Tecnologia	Ano	Tempo para atingir 50 milhões de usuários no mundo
Eletricidade	1873	46 anos
Telefone	1876	35 anos
Automóvel	1886	55 anos
Rádio	1906	22 anos
Televisão	1926	26 anos
Forno de microondas	1953	30 anos
Microcomputador	1975	16 anos
Telefone celular	1983	13 anos
Internet	**1995**	**04 anos**

Conforme comentamos anteriormente, a internet foi criada com a finalidade de propiciar o compartilhamento de pesquisas militares. A tecnologia utilizada também permitia a comunicação entre pesquisadores, além da colaboração na troca de informações por meio de diversos servidores espalhados por locais distantes. Portanto, a evolução da internet está relacionada ao menos a três conceitos fundamentais:

_ compartilhamento: compartilhando recursos (*hardware* ou *software*), a internet oferece aos usuários aplicações com grande economia de recursos;

_ comunicação: uma das primeiras aplicações desenvolvidas para a internet foi o *e-mail* (correio eletrônico), o qual permite uma comunicação plena entre os usuários da rede. Outras tecnologias tornaram-se tão populares quanto o *e-mail* e permitem uma comunicação instantânea, tais como o *Messenger* (MSN);

_ colaboração: é esse princípio que confere à internet a característica principal de ser uma ferramenta indicada para a execução de trabalhos em equipe, propiciando o fomento da criatividade no desenvolvimento de projetos colaborativos.

[a internet no brasil]

A "revolução" da internet não passou despercebida pelo Brasil. Muito pelo contrário, o País atualmente ocupa posição de destaque na utilização da internet no mundo. Dentre as diversas aplicações comerciais da infra-estrutura da internet, podemos destacar os serviços bancários e o Imposto de Renda, que são casos de sucesso no mundo, representando iniciativas bem-sucedidas envolvendo tecnologias baseadas na internet.

Como aconteceu nos Estados Unidos, a internet iniciou seus passos no meio acadêmico. Essa tecnologia chegou ao Brasil através da Rede Nacional de Pesquisas (RNP), a qual foi criada em 1989 e desenvolveu-se graças à iniciativa da comunidade acadêmica de ciência da computação, que buscou uma parceria com o Conselho Nacional de Desenvolvimento Científico e Tecnológico (CNPq)[2].

Em abril de 1995, no servidor da Embratel, contando com a presença de 11 empresas, inicia-se a história da internet comercial no Brasil. O primeiro *link* dessa empresa possuía a velocidade de 2 Mbps.

Ainda em 1995, visando coordenar e integrar todas as iniciativas de serviços de internet no País, foi criado o Comitê Gestor da Internet no Brasil (CGI.br)*, regulamentado pela Portaria Interministerial nº 147, de 31

---

* Para obter mais informações, consulte o endereço http://www.cgi.br.

de maio de 1995, e alterado pelo Decreto Presidencial n° 4.289, de 3 de setembro de 2003.

> **Curiosidade**
> No Brasil, os primeiros estados que tiveram acesso à rede mundial de computadores foram: Rio de Janeiro, Rio Grande do Sul, Minas Gerais e São Paulo.

A partir daí, a internet no Brasil cresceu de forma exponencial, atingindo atualmente a ordem de aproximadamente 20 milhões de usuários. Acesse o *site* da RNP* para visualizar a estrutura atual do *backbone*** da RNP no Brasil.

[internet 2]

Trata-se de um projeto inicialmente desenvolvido nos Estados Unidos, em 1996, que atualmente conta com a participação de centenas de universidades e centros de pesquisas espalhados pelo mundo. O objetivo central é possibilitar à atual internet maior velocidade de transmissão de dados, bem como com a participação dos governos e das principais indústrias mundiais. Logo, a internet 2 não é uma nova rede independente da internet, mas sim um conjunto de redes que suporta o tráfego de dados com altíssima largura de banda (velocidade de transmissão). Para tanto, utiliza tecnologias, protocolos de comunicação e meios de transmissão mais modernos.

---

* Disponível em: <http://www.rnp.br/backbone/index.php>.
** *Backbone*: linha de comunicação de dados de alta velocidade, considerada a espinha dorsal da internet, por onde trafegam os dados da rede.

O Brasil já participa ativamente desse projeto e recentemente implementou a interconexão das redes das universidades de São Paulo, Rio de Janeiro, Brasília e Belo Horizonte. A velocidade de transmissão atinge 155 Mbps. Para termos uma idéia do que isso representa, lembremos que as linhas telefônicas atuais atingem 56 Kbps*. A intenção com a internet 2 é alcançar a velocidade de 2,5 Gbps. Com ela, será possível implementar inúmeras aplicações, dentre as quais destacamos as seguintes:

_ bibliotecas digitais;
_ tecnologias tridimensionais (3D);
_ telemedicina;
_ intervenções cirúrgicas a distância;
_ novas formas de ensino a distância;
_ vídeo sob demanda, ou seja, será possível assistir a um filme pela *web*.

[resumo do capítulo]

Apresentamos um estudo contemplando o histórico da internet no mundo e no Brasil, ressaltando que o intuito principal no momento da criação dessa tecnologia não era comercial, e sim acadêmico. Para a evolução da internet, fez-se necessária a implantação de uma estrutura aberta, sendo que, para tanto, foram desenvolvidos os protocolos TCP/IP, os quais são a base de funcionamento da grande rede. Uma das primeiras aplicações da internet, além das pesquisas científicas militares e acadêmicas, foi a criação do *e-mail*, tecnologia que alavancou ainda mais a popularização da internet. No Brasil existem entidades que regulamentam e auxiliam o desenvolvimento da internet, propiciando ao

---

* Kbps: unidade de medida que significa "mil *bits* por segundo".

mercado comercial local uma base sólida para a produção de inúmeras aplicações para a rede. Por fim, abordamos o Projeto Internet 2 e suas principais formas de utilização prática.

[questões para debate]

1. Por que o uso da internet se destaca, em relação a outras tecnologias, no que se refere ao aumento do número de usuários ao longo dos tempos?

2. Qual a importância do desenvolvimento dos protocolos TCP/IP para a evolução da internet?

3. Comente sobre as principais aplicações da internet para fins comerciais, acadêmicos, governamentais, educacionais e de entretenimento.

4. Como a internet pode influenciar o comportamento das pessoas?

5. Como a internet pode influenciar o comportamento das empresas?

6. Como a internet pode influenciar o comportamento das instituições de ensino?

7. O que é o projeto internet 2? Qual o seu impacto na educação, na medicina e no entretenimento?

```
0000_0111 = VII
```

conceitos
e_serviços
relacionados
à_internet_

Não
é
suficiente
ter
uma
boa
mente:
o
principal
é
usá-la
bem.

_René
 Descartes

Neste capítulo, o objetivo é discutir a infra-estrutura básica prevista para o funcionamento da internet, descrevendo os seus principais componentes (*hardware* e *software* necessários), bem como apresentar os serviços mais importantes oferecidos pela rede mundial de computadores. Apresentaremos inicialmente os conceitos de protocolo de comunicação, *backbone* e roteador. Em seguida, abordaremos os principais serviços oferecidos pela internet – os de comunicação, de recuperação e a *World Wide Web* (WWW) – e os mecanismos de busca. Por fim, dedicaremos especial atenção aos conceitos de intranet e extranet.

[como funciona a internet?]

Conforme discutido no capítulo anterior, a internet é composta pela interconexão de milhares de computadores espalhados pelo planeta. Para que seu funcionamento seja possível, são necessários uma infra-estrutura tecnológica adequada e alguns componentes de *hardware* e *software*. Destacamos aqui o protocolo de comunicação, o *backbone* e o roteador, os quais serão analisados a seguir.

Protocolo de comunicação*

Protocolos de comunicação podem ser entendidos como regras preestabelecidas que permitem a conversação entre dois ou mais computadores.

---

* Já abordamos em maiores detalhes, no capítulo 5, os protocolos de comunicação. Neste item, apenas destacamos algumas informações em caráter de síntese.

O principal protocolo que viabiliza o funcionamento da internet é o TCP/IP, responsável pela transmissão de informações e endereçamento de mensagens. Na realidade, o TCP/IP é um conjunto de dois protocolos:

_ TCP (*Transmission Control Protocol*, ou protocolo de controle de transmissão): responsável pelo transporte das informações;

_ IP (*Internet Protocol*, ou protocolo de internet): possibilita a interconexão de redes e é responsável pelo endereçamento de uma mensagem.

O TCP/IP caracteriza-se por ser um padrão mundial adotado pela internet e viabiliza, dessa forma, uma rede 100% aberta. Além do TCP/IP, outros protocolos compõem a internet através de diversos serviços oferecidos aos usuários. O quadro apresentado a seguir indica alguns desses protocolos.

Quadro 7.1 – Outros tipos de protocolos utilizados pela internet

Protocolo	Descrição	Função
SMTP	Simple Mail Transfer Protocol	Permite o envio de *e-mail*.
POP	Post Office Protocol	Permite o recebimento de *e-mail*.
HTTP	HyperText Transfer Protocol	Permite a transferência de hipertextos e a navegação na *web*.
FTP	File Transfer Protocol	Permite a transferência de arquivos entre computadores na internet.

Backbone

A internet possui uma espécie de espinha dorsal ou via principal de tráfego de informações de alta velocidade, o *backbone*. É através dele que todas as informações circulam entre os computadores interconectados à internet.

Existem diversos *backbones* compondo a rede mundial e geralmente são administrados pelas grandes operadoras de telefonia. A estrutura física de um *backbone* pode compreender:

_ cabos de fibra óptica intercontinentais, aéreos ou submarinos;
_ estrutura física da telefônica pública;
_ estrutura física de transmissão de TV a cabo;
_ comunicação sem fio (via satélite ou outra tecnologia *wireless*);
_ *hardware* necessário para transmissão e recepção de informações.

O primeiro *backbone* do Brasil foi desenvolvido pela Rede Nacional de Pesquisa (RNP) com o objetivo de atender a instituições acadêmicas que queriam conectar-se à rede mundial. Em 1995, a Embratel começou a montar um *backbone* paralelo ao da RNP para oferecer serviços de conexão com finalidade comercial.

Atualmente, essas duas instituições administram os principais *backbones* do País. A RNP é a responsável pela administração do *backbone* acadêmico, enquanto a Embratel se ocupa de serviços comerciais voltados às empresas privadas e aos provedores de acesso.

Roteador

Um roteador, ou *router*, em inglês, é um *hardware* que possui a função principal de interconectar duas ou mais redes de computadores, ou seja, para interligarmos uma rede local (LAN) à internet, necessitamos obrigatoriamente de um roteador.

Além dos protocolos TCP/IP e do *backbone*, compõem a internet milhares de roteadores distribuídos pelo mundo. Sua função mais importante consiste em realizar o roteamento de todo o fluxo de informações da internet. O protocolo responsável por essa função é o RIP (*Routing Information Protocol*, ou protocolo de informação de roteamento).

Para isso são utilizados algoritmos de roteamento, ou seja, programas que decidem qual rota deve seguir uma determinada mensagem. Como existem milhares de roteadores, há também milhares de rotas alternativas, as quais são gerenciadas pelos algoritmos de roteamento. A melhor rota normalmente é a mais curta, porém, em determinadas situações, pode ser a menos congestionada ou a mais veloz, por exemplo. A Figura 7.1 representa um ambiente de internet, contemplando o conceito de roteamento e escolha da melhor rota.

Figura 7.1 – Esquema de rotas alternativas na internet

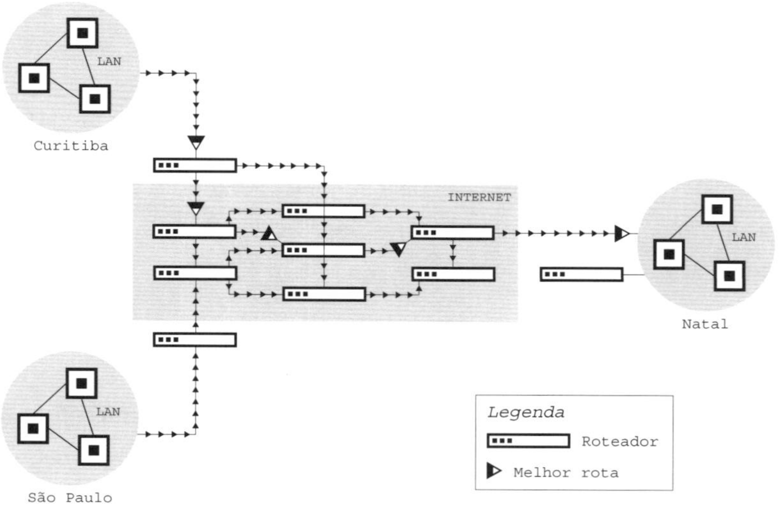

[serviços oferecidos pela internet]

A internet pode oferecer inúmeros tipos de serviços aos seus usuários[1]. Dentre eles, podemos destacar os de comunicação, de recuperação e a *World Wide Web* (WWW), dos quais trataremos separadamente na seqüência.

Serviços de comunicação

Dentre os principais benefícios advindos com a utilização da internet, destacamos a capacidade de facilitar as relações de comunicação, tanto entre empresas quanto entre pessoas.

Diversas ferramentas de comunicação são disponibilizadas para os usuários, algumas com alto grau de interatividade e que propiciam relevante agilidade nos processos comunicativos. Destacamos a seguir as mais importantes e suas principais aplicações e características.

_ *E-mail* (correio eletrônico)

O *e-mail* é, indiscutivelmente, dentre os serviços oferecidos pela rede mundial, o mais popular e o mais utilizado. Tecnologia desenvolvida em 1972, portanto anterior ao surgimento da própria internet, destacou-se inicialmente no meio acadêmico pela facilidade e pela flexibilidade de utilização. O *e-mail* foi um dos responsáveis pela popularização tão veloz da internet, em comparação com outras tecnologias. Nos dias de hoje, é também uma poderosa ferramenta empresarial destinada à interação com clientes, parceiros, fornecedores e funcionários.

Podemos utilizar o *e-mail* de duas formas: (a) a partir do *webmail*, que pode ser entendido como uma forma de acesso através do provedor de acesso, em que é realizada uma leitura *on-line* via *browser*, ou seja, há a necessidade de estar conectado à internet para o acesso ao conteúdo; (b) a partir de um programa ou aplicativo de correio eletrônico. Nesse caso, os *e-mails* são copiados para o computador do usuário no momento da conexão, permitindo, assim, o acesso *off-line*. São exemplos de aplicativos de correio eletrônico o *Microsoft Outlook* e o Postfix.

No princípio, um *e-mail* permitia apenas o envio de simples textos; atualmente é possível enviar também imagens e sons, além de anexar planilhas, apresentações e até arquivos executáveis.

O protocolo responsável pela transmissão de um *e-mail* é o SMTP (*Simple Mail Transfer Protocol*, ou protocolo simples para transferência de correio). Tal qual uma carta que, ao ser enviada pelo correio, recebe um carimbo, o SMTP acrescenta ao *e-mail* linhas de cabeçalho, que descrevem dados importantes referentes à mensagem, tais como data e horário em que a mensagem foi enviada, dados do remetente da mensagem etc.

_ *Instant messaging* (mensagens instantâneas)

Caracteriza-se como uma ferramenta destinada a uma comunicação bidirecional em tempo real entre dois ou mais usuários conectados à internet, por meio de um *software* específico. Podemos considerar como pioneiro nesse tipo de aplicação o ICQ, que foi lançado em 1997 pela empresa israelense Mirabilis.

Pode ser uma ferramenta bastante útil para facilitar a comunicação entre dois funcionários de uma instituição ou até para viabilizar uma transação comercial com um cliente ou fornecedor.

O exemplo de maior sucesso no mundo atualmente é o *Messenger* (MSN), desenvolvido pela *Microsoft* e amplamente utilizado no Brasil e no mundo.

_ *Newsgroup* (grupo de discussão)

Dentre os diversos meios de comunicação utilizados na internet no Brasil, o *newsgroup* não se destaca como um dos mais populares. Trata-se de grupos que participam ativamente de discussões por meio do envio de artigos, textos ou opiniões sobre um determinado assunto. Os grupos são divididos por temas, e o acesso às informações é irrestrito e público, diferenciando-se, assim, de um *mailing list* (lista de *e-mail*), em que, para participar, é preciso estar inscrito na lista.

Serviços de recuperação

Uma das grandes contribuições da internet para pessoas e empresas é a possibilidade que ela oferece de recuperar informações, ou seja, de permitir a busca, a qualquer momento, de uma determinada informação que se encontra em algum local na rede.

Essa recuperação recebe o nome de **download**, que significa, também no vocabulário da internet, "baixar um arquivo". Caracteriza-se pela transmissão de dados de um computador remoto para um computador local, processo que está representado graficamente na figura a seguir.

Figura 7.2 – Processo de *download*

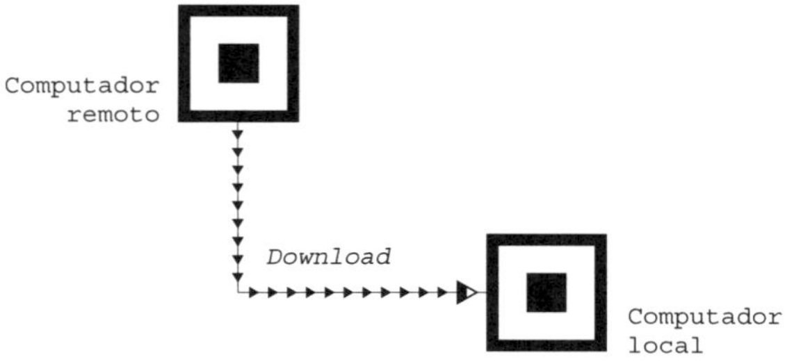

```
Computador
 remoto        ■

                    Download
                    ▶▶▶▶▶▶▶▶▶   ■
                                    Computador
                                      local
```

Dentre os diversos métodos utilizados para a recuperação e a localização de arquivos na rede mundial, destacamos o FTP e o *archie*, descritos na seqüência. Mais adiante, ainda neste capítulo, trataremos dos sistemas de busca.

_ FTP

FTP é a sigla de *File Transfer Protocol* (protocolo de transferência de arquivo).

Ele permite a conexão a um computador remoto, tornando possível ao usuário fazer o *download* dos arquivos de seu interesse. Servidores FTP são máquinas que contêm arquivos disponibilizados para acesso remoto. Há servidores FTP que possuem acesso público e outros que contam com áreas de acesso restrito, permitido apenas mediante registro de senha.

_ *Archie*

Trata-se de uma ferramenta utilizada para a procura de arquivos em servidores FTP. Como existem milhares de servidores espalhados pelo mundo e milhões de arquivos depositados nesses locais, a busca sem critérios de pesquisa torna-se praticamente inviável. Através da ferramenta *Archie*, ao digitarmos o nome de um arquivo ou de parte dele, temos como retorno o endereço dos servidores que possuem o arquivo desejado, facilitando, assim, nossa busca.

World Wide Web (WWW)

Internet e **WWW** não são sinônimos. Porém, é bastante comum existir a confusão entre esses dois conceitos. A WWW foi inicialmente desenvolvida em meados dos anos de 1990, na Suíça, quando o cientista Timothy Berners-Lee inventou o conceito de páginas interligadas através de *links* ou hipertextos. Juntamente com o *e-mail*, foi a tecnologia que amplificou o rápido desenvolvimento da internet.

A base para o funcionamento da *web* é uma linguagem de hipertexto denominada **Hypertext Markup Language**, ou linguagem de marcação de texto (HTML). Cada hipertexto leva o usuário a uma nova página, propiciando uma navegação contínua.

A popularização desse conceito, no entanto, só foi possível graças ao desenvolvimento do primeiro browser, *software* que permite navegar nas páginas *web*. Esse *browser* recebeu o nome de **Mosaic**, fabricado pela empresa Netscape.

> Curiosidade
>
> O inventor do *browser* foi o americano Marc Andreessen. Em 1993, ele lançou no mercado o Mosaic e, junto com Jim Clark, fundou a empresa Netscape.

O protocolo que permite a navegação através do *browser* é o HTTP. Por isso, sempre que digitamos o endereço de um *site*, primeiramente devemos inserir a sigla HTTP e, em seguida, o endereço (domínio) do *site*.

Atualmente os *browsers* mais utilizados no mercado são o *Internet Explorer*, da *Microsoft*, que faz parte do sistema operacional *Windows*, o Netscape Navigator, da Netscape, e o Firefox, da Mozilla, este último utilizado também em ambiente Linux.

[sistemas de busca]

A quantidade de informações na *web* cresce de forma exponencial a cada dia. Ao mesmo tempo em que existem informações sobre praticamente tudo na grande rede, cresce a dificuldade de encontrarmos o que realmente procuramos.

Sistemas de busca podem ser definidos como um conjunto de meios (ferramentas e/ou *softwares*) destinados a analisar, indexar, armazenar e pesquisar informações na *web*, disponibilizando resultados de acordo com a solicitação de um determinado usuário. Esses resultados vêm em forma de URL (*Universal Resource Locator*, ou localizador uniforme de recursos) e possuem a estrutura **http://www.domínio.tipododomínio.sigladopaís**.

Existem diversos sistemas de busca no mercado, mas nem todos possuem o mesmo mecanismo de funcionamento. Os critérios utilizados por alguns sistemas de busca nem sempre são apresentados claramente para o mercado e baseiam-se em complexos algoritmos construídos por seus desenvolvedores. Destacamos a seguir os principais tipos de sistemas de busca existentes.

Diretórios e catálogos

Indicados para a busca de informações mais genéricas, normalmente diretórios e catálogos apresentam as informações divididas por categorias e subcategorias.

Devido ao crescimento vertiginoso de informações na *web*, os diretórios estão perdendo mercado para os catálogos, pois as informações em um diretório são gerenciadas (análise e indexação de *sites*) por pessoas, enquanto que nos catálogos o gerenciamento é automatizado e realizado por potentes computadores e *softwares* avançados. Em contrapartida, os diretórios permitem uma navegação mais direcionada e facilitada, principalmente para usuários mais inexperientes.

Apresentamos na Figura 7.3 um exemplo de sistema de busca baseado em diretórios. Trata-se do **Yahoo! Brasil Search**, disponível para acesso em http://br.busca.yahoo.com/dir.

Algumas vantagens se destacam quando utilizamos os diretórios, como:
_ a informação é classificada/categorizada de forma hierárquica;
_ normalmente ela está dentro do contexto do usuário que conduz a pesquisa;
_ existe maior qualidade de informações.

Por outro lado, algumas desvantagens também podem ser observadas, como:

_ os resultados podem ser tendenciosos (são classificados por pessoas);
_ há menor quantidade de informações;
_ as informações podem estar desatualizadas.

Figura 7.3 – *Site* do Yahoo! Brasil Search

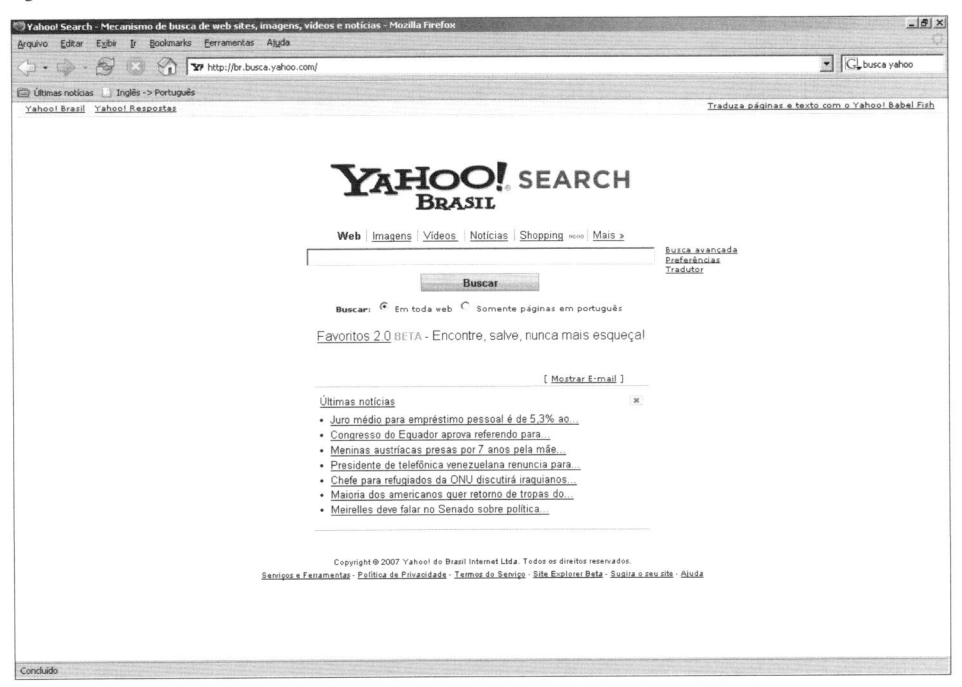

Search engines

Consistem em mecanismos de busca controlados por um *software* do tipo robô, *spider* ou similar. Um robô é um *software* capaz de visitar diversos *sites* e catalogar em uma base de dados que, ao ser requisitada, é disponibilizada ao usuário.

A grande maioria dos buscadores atuais utilizam esse tipo de tecnologia. A seguir, apresentamos um exemplo de buscador do tipo *search engine*, o **Google**, disponível para acesso em http://www.google.com.br, cmo podemos ver na Figura 7.4.

Figura 7.4 – *Site* do Google

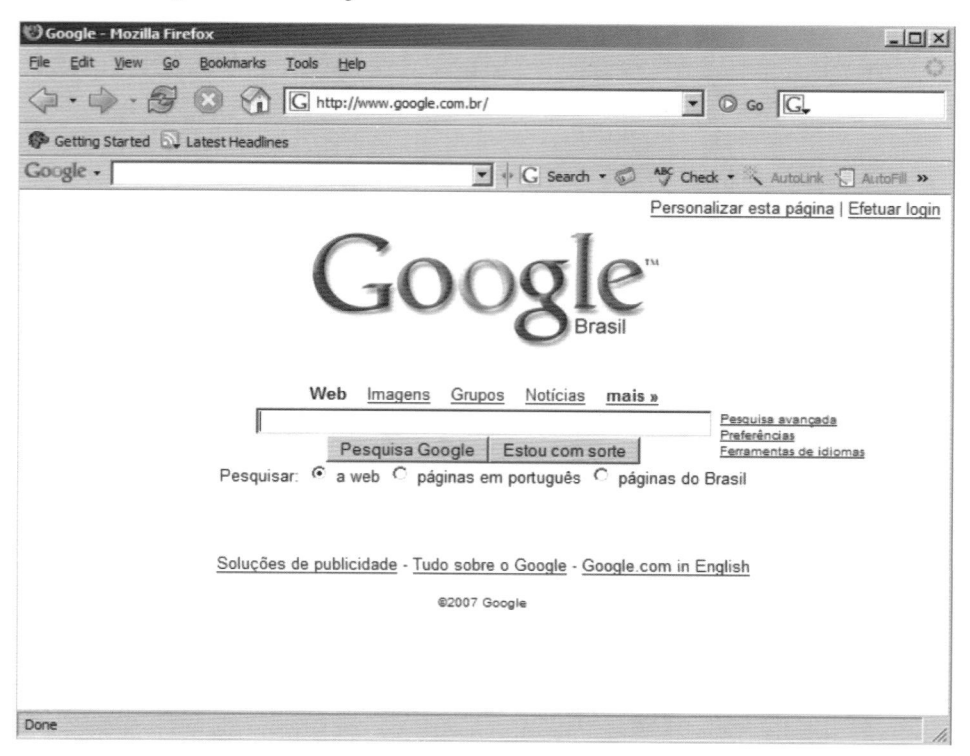

Metabuscadores

Caracterizam-se por suportar uma tecnologia idêntica à dos *search engines*, porém os robôs pesquisam informações em diversos mecanismos de busca simultaneamente, propiciando maior gama de resultados.

Possuem a grande vantagem de ser rápidos e de abranger a busca em vários mecanismos de uma só vez. Um exemplo desse tipo de buscador é o **MetaCrawler**, disponível para acesso em http://www.metacrawler.com.br, como consta na Figura 7.5.

Figura 7.5 – *Site* do MetaCrawler

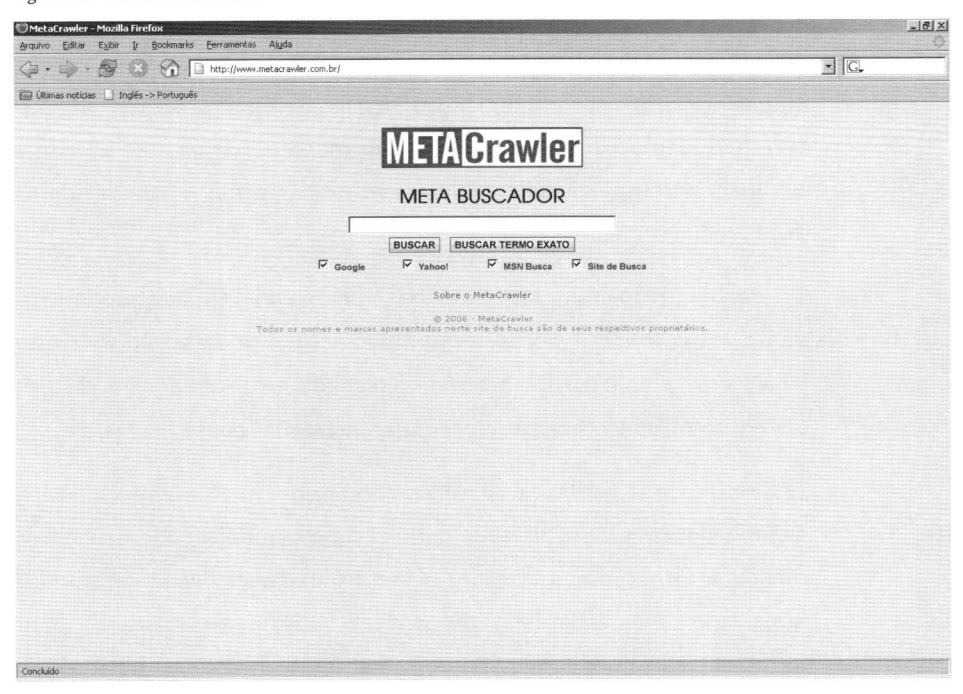

[intranet e extranet]

O termo **intranet** tem origem nas palavras *intra* = interna e *net* = rede, isto é, rede interna, suportada pela tecnologia da internet. Podemos entender a intranet como uma internet privada e de uso interno controlado, cujo objetivo principal é permitir a integração entre os funcionários de uma empresa, possibilitando, dessa forma, um acesso fácil e instantâneo a todo o conhecimento existente na organização. A intranet torna possível, ainda, o trabalho em grupo e a colaboração de informações, bem como a integração entre empresas de um mesmo grupo, independentemente de suas localizações geográficas, utilizando para isso a tecnologia da *web*. Para Turban, Mclean e Wetherbe[2], "as intranets têm o poder de mudar estruturas e procedimentos organizacionais". Essas mudanças facilitam a comunicação interna, agilizam processos organizacionais, democratizam o acesso à informação entre os funcionários e eliminam barreiras de distância, para citarmos apenas alguns exemplos dos benefícios que acarretam.

O crescimento do uso das intranets nas empresas alavancou o surgimento de um novo termo – **portal corporativo** –, que pode ser considerado uma forma ampliada de intranet, oferecendo a funcionários e clientes um ponto único e organizado para suas interações com a empresa[3].

Se uma intranet facilita a comunicação interna entre os funcionários de uma empresa, uma extranet permite uma comunicação efetiva com clientes e fornecedores externos. O termo **extranet** deriva de *extended intranet* (intranet estendida). As extranets são disponibilizadas para suportar transações comerciais com clientes, fornecedores e parceiros, desde que estes possuam permissão mediante *login* e senha.

O quadro a seguir apresenta algumas aplicações comuns das intranets e das extranets.

Quadro 7.1 – Aplicações das intranets e das extranets

Intranets	Extranets
Notícias em geral de interesse do público interno.	Transações e pedidos eletrônicos.
Disponibilização de procedimentos e políticas da empresa.	Acompanhamento do fornecimento de produtos.
Localização de pessoal.	Integração entre sistemas de informação.
Integração com o setor de recursos humanos (inscrições para cursos e treinamentos, despesas de viagens etc.).	Acesso a catálogos de produtos, tabelas de preços e condições comerciais.
Compartilhamento de agendas e compromissos e calendário corporativo.	Desenvolvimento de projetos específicos, de acordo com as exigências dos clientes.

[resumo do capítulo]

Enfocamos os principais componentes necessários para o funcionamento da internet, analisando o conceito de protocolo de comunicação, com ênfase no TCP/IP, e o conceito de *backbone*, uma espécie de via principal da internet, por onde trafegam os dados pesados da *web*. Completando o estudo dos componentes da internet, apontamos a importância dos roteadores para a interconexão dos computadores na rede mundial. Destacamos ainda os principais serviços oferecidos pela internet, principalmente o *e-mail* e os mecanismos de recuperação de informações. Esclarecemos também a diferença entre os termos **internet** e ***web*** e comentamos sobre as características e os modos de funcionamento dos principais mecanismos de busca existentes na rede. Por fim, abordamos as intranets e as extranets.

[questões para debate]

1. Quais os componentes essenciais para o funcionamento da internet?

2. Defina o termo **backbone**.

3. Como é definida a melhor rota para uma mensagem na internet?

4. O que são protocolos de comunicação?

5. Qual a importância do protocolo TCP/IP para a internet?

6. Quais os principais serviços oferecidos pela internet para as empresas?

7. Quais os principais serviços oferecidos pela internet para as pessoas?

8. Diferencie internet e *web*.

9. Comente sobre a importância dos mecanismos de busca.

10. Discuta sobre as principais aplicações para intranet e extranet.

11. Analise a afirmação de Turban: "as intranets têm o poder de mudar estruturas e procedimentos organizacionais".

```
0000_1000 = VIII
```

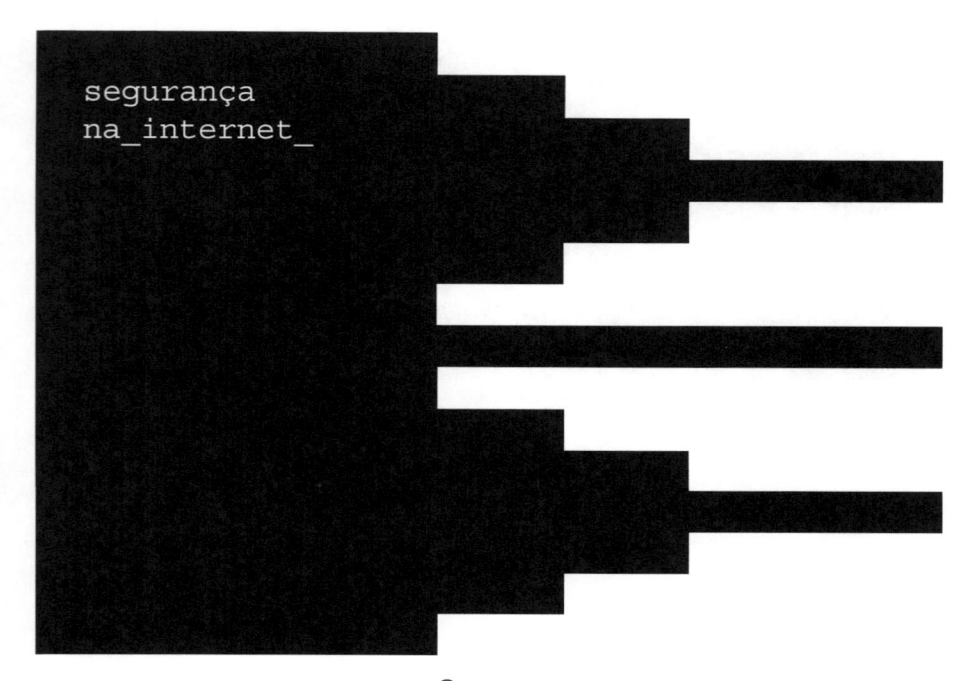

segurança
na_internet_

Os
verdadeiros
analfabetos
são
aqueles
que
aprenderam
a
ler
e
não
lêem.

_Mario Quintana

O objetivo principal deste capítulo é tratar das questões de segurança que devem ser observadas quando utilizamos a internet. Muitas empresas elaboram cartilhas em que os principais tópicos relacionados à segurança são detalhados. O Centro de Estudos, Resposta e Tratamento de Incidentes de Segurança no Brasil (Cert), responsável por responder a incidentes de segurança em computadores envolvendo redes conectadas à internet brasileira*, disponibiliza na internet uma cartilha** que contempla os principais aspectos de segurança, alguns dos quais iremos detalhar ao longo deste capítulo.

[a segurança
e seus elementos básicos]

Primeiramente, vamos definir o termo **segurança**. Souza, citado por Caiçara Junior[1], define segurança "como um conjunto de meios, processos e medidas que visam, efetivamente, à proteção empresarial". Podemos ampliar a abrangência dessa definição para usuários residenciais que fazem uso da internet. Tal termo deve ainda ser entendido como uma composição de três elementos básicos: integridade, confidencialidade e

---

* Para obter mais informações, acesse: http://www.cert.br.
** O endereço eletrônico para acesso ao conteúdo completo dessa cartilha é http://cartilha.cert.br.

disponibilidade, aos quais Beal[2] acrescenta mais um elemento, a autenticidade. Cada um desses elementos pode ser identificado no quadro a seguir.

Quadro 8.1 – Elementos da segurança da informação

Elementos	Abordagem
Integridade	Consiste na fidedignidade das informações, na conformidade dos dados armazenados com relação às inserções, às alterações, aos processamentos autorizados efetuados e também dos dados transmitidos. Parte-se da premissa de que manter a integridade das informações é a garantia de não-violação (acidental ou intencional) dos dados.
Confidencialidade	Consiste em assegurar que somente pessoas autorizadas tenham acesso às informações armazenadas ou transmitidas por algum meio. Com a manutenção da confidencialidade, busca-se garantir que as pessoas não tomem conhecimento de informações, de forma acidental ou intencional, sem que detenham autorização para esse procedimento.
Autenticidade	Consiste na garantia da veracidade da fonte de informações. A autenticação possibilita a identificação da pessoa ou da entidade que presta as informações.
Disponibilidade	Consiste em assegurar que as informações estejam acessíveis às pessoas e aos processos autorizados em qualquer instante em que sejam solicitadas. A manutenção da disponibilidade de informações visa garantir a continuidade das transações e dos fluxos de informação sem interrupções.

Fonte: Adaptado de BEAL, 2005.

Cabe salientar que a segurança deve ser uma preocupação administrativa e não puramente técnica. Portanto, a empresa precisa atentar para a necessidade de implantar medidas de segurança adequadas para proteger seus recursos informacionais. As funções básicas dessas medidas de segurança, conforme a NBR 17799/2001[3], são:

_ dissuasão (desencorajamento à prática de irregularidades);

_ prevenção (redução da ocorrência de riscos);

_ detecção (sinalização da ocorrência de riscos);

_ contenção (limitação dos impactos dos riscos);

_ recuperação (alternativas para a continuidade operacional);
_ restauração (correção dos danos causados pelos riscos).

[principais ameaças e métodos de ataque]

A internet propicia inúmeras facilidades, já discutidas anteriormente, porém muitas ameaças rondam seus usuários 24 horas por dia. Um novo termo que vem sendo utilizado na internet é o **scam** (não confundir com *spam**), definido como uma fraude ou ação mal intencionada, cujo objetivo principal é gerar vantagens financeiras.

A vulnerabilidade de um sistema pode ser atingida por inúmeras ameaças. Considera-se ameaça à segurança toda ocorrência que possa afetar um ou mais elementos fundamentais da segurança: confidencialidade, integridade, autenticidade e disponibilidade[4].

Sêmola[5] classifica as ameaças, quanto à sua intencionalidade, em três grupos principais: naturais, involuntárias e voluntárias. A seguir detalhamos as principais ameaças voluntárias advindas da utilização da rede mundial.

_ *Hackers* e *crackers* – Trata-se de termos comumente confundidos, mas que possuem significados distintos. Ambos são *experts* em conhecimentos de informática, contudo trabalham em sentidos opostos. **Hacker** é o termo utilizado para a pessoa que domina as técnicas de invasão a sistemas computacionais e que as utiliza para testar suas vulnerabilidades. Portanto, um *hacker* não causa dano algum após

---

* *Spam*: mensagem de *e-mail* indesejada enviada a um grupo grande de usuários.

invadir um sistema, mas, sim, indica que este apresenta falhas em sua segurança. *Hackers*, inclusive, contribuem para o desenvolvimento de *softwares* livres por meio de diversas comunidades existentes ao redor do mundo. Já um *cracker*, ao invadir um sistema, busca sabotá-lo, destruindo ou alterando informações ou, até mesmo, roubando-as. Logo, a pessoa que utiliza seu grande conhecimento em informática de forma ilícita e arquiteta ataques mal intencionados, buscando brechas em sistemas de segurança, é denominada **cracker**.

_ Engenharia social – Esse termo refere-se à exploração das falhas de segurança relativas aos indivíduos. Um engenheiro social explora a confiança das pessoas para obter informações confidenciais e sigilosas. É muito comum sua presença em salas de bate-papo, nas quais vai aos poucos ganhando a confiança da possível vítima e extraindo dela informações importantes, que lhe podem trazer sérios prejuízos financeiros e até morais. Outro alvo da ação dos engenheiros sociais são funcionários insatisfeitos ou descontentes. Além de ataques pela internet, outros meios utilizados são, por exemplo, ligações telefônicas planejadas e *e-mails*.

_ Vírus – Talvez essa seja a forma mais conhecida de ataque utilizada atualmente. Um vírus pode ser entendido como um programa malicioso cuja intenção é causar algum tipo de dano ao usuário que recebe esse programa. Pode ainda ser entendido como uma classe de *software* malicioso que tem a habilidade de auto-replicar-se e infectar partes do sistema operacional ou de programas aplicativos, com o objetivo de causar perda ou dano nos dados[6]. Como um vírus busca invadir um sistema ou o computador de um usuário, ele é um programa muito pequeno e desenvolvido por programadores que possuem um grande conhecimento de informática. O termo **vírus de**

computador foi utilizado pela primeira vez, em 1983, pelo engenheiro elétrico norte-americano Fred Cohen. Há diversos tipos ou categorias de vírus, dentre os quais destacamos:

_ Cavalo de Tróia – Também chamado de **trojan**, é utilizado para o roubo de senhas e dados diversos de um usuário, sendo normalmente enviado através de *e-mails* atraentes, contendo *links* para fotos ou vídeos, por exemplo. Quando o usuário acessa o *link*, automaticamente o vírus se instala na máquina.

_ *Worm* – É o principal tipo de vírus empregado atualmente. Sua forma de ataque mais clássica é através do envio de *e-mail*, no qual vem um arquivo anexado, normalmente com extensão **.exe** (executável). Ao executar o arquivo, o vírus invade a máquina e altera um arquivo chamado **wsock32.dll** (responsável pelo gerenciamento na internet). A partir daí, todas as ações do invasor são desencadeadas. Através de programas de bate-papo (*chat*), também é possível ser infectado por um *worm*.

_ *Backdoor* – É um vírus que permite aos invasores o controle da máquina infectada através da "porta de trás" (tradução do termo *backdoor*). Geralmente, um vírus do tipo *backdoor* invade um sistema por meio de arquivos recebidos por *e-mail* ou baixados da rede, tal qual um *trojan*. Ao executar o arquivo, uma porta da máquina é aberta para que o invasor passe a controlar alguns recursos da máquina.

_ Vírus de macro – Macro pode ser entendido como um código executável, geralmente utilizado em processadores de texto e planilhas de cálculo para automatizar e facilitar tarefas para um usuário. A infecção por um vírus de macro se dá, portanto, através da abertura de arquivos anexos (normalmente **.doc** ou **.xls**), por isso possuem alto poder de propagação.

_ Vírus de *script* – Popularizou-se com a explosão da *web*. *Script* pode ser definido como uma lista de comandos executáveis mesmo sem interação do usuário. A forma de contágio se dá através da simples navegação na internet. O próprio *browser* oferece opção de proteção contra *scripts*; entretanto, caso a opção de *script* seja desabilitada, muitos *sites* aparecem incompletos ou com imperfeições na tela do usuário. Isso acontece porque os principais *sites* existentes utilizam códigos *script* em suas páginas.

_ *Hoax* – É um vírus geralmente enviado por *e-mail* e que se refere a um boato qualquer. Geralmente é um estorvo para os usuários, pois, além de ser indesejável, causa uma perda de tempo desnecessária.

_ *Phishing* – A palavra **phishing** (pronuncia-se como "*fishing*") traz o princípio de uma analogia criada pelos fraudadores, quando "iscas" (*e-mails* ou *sites*) são utilizadas para "pescar" senhas e/ou dados financeiros, tais como número de conta corrente e cartão de crédito de usuários na internet.

_ *Spyware* – É um programa que é instalado na máquina (normalmente com consentimento do usuário) e que realiza o monitoramento de seus hábitos ao utilizar o computador e a internet. É muito usado por empresas de comércio eletrônico que buscam identificar os hábitos do internauta, a fim de oferecerem produtos mais adequados às suas necessidades. Quando mascaram intenções maliciosas, passam a ser chamados de **programas espiões**.

[medidas de segurança – ferramentas e tecnologias]

O que podemos fazer para minimizar as ameaças descritas no tópico anterior? A resposta é: estabelecer medidas de segurança adequadas. Por medidas de segurança entendemos todas as práticas, procedimentos e mecanismos usados para a proteção da informação. Para Sêmola[7], tais medidas podem ser divididas em três grupos:

_ preventivas – evitam que incidentes venham a ocorrer;
_ detectáveis – visam identificar condições ou indivíduos causadores de ameaças;
_ corretivas – constituem ações voltadas para a correção e a recuperação de um sistema.

O processo de estabelecimento de medidas de segurança deve ser uma atividade administrativa; contudo, para uma correta aplicação, pode exigir do usuário algum conhecimento técnico. A seguir, apresentamos as principais ferramentas e tecnologias existentes no mercado que podem ser úteis para proteger informações.

_ Antivírus – Como estudamos no tópico anterior, um vírus pode ser entendido como um programa malicioso cuja função é causar danos a um usuário. Visando detectar e eliminar um vírus, aplicamos um *software* utilitário denominado **antivírus**, que possui a capacidade de detectar a presença de um código malicioso e também de eliminá-lo. Para maiores detalhes sobre antivírus, consultar o capítulo 3 – *Software*.

_ Criptografia – É o processo de tornar as mensagens indecifráveis pela utilização do princípio de chaves[8]. A origem da palavra **criptografia** é grega – *kryptós* (oculto ou escondido) e *gráphein* (escrever). Uma chave é um código usado pelo emissor e pelo receptor de uma mensagem que permite uma comunicação mais segura. Ao criptografar, o emissor faz uso da chave que torna a mensagem indecifrável. No processo de descriptografia, o receptor utiliza a mesma chave para decifrar a mensagem. A figura a seguir representa um processo de criptografia.

Figura 8.1 - Exemplo de criptografia simples ou simétrica

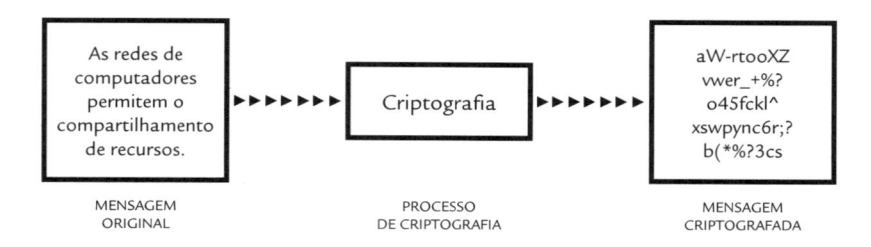

As redes de computadores permitem o compartilhamento de recursos.	▶▶▶▶▶▶	Criptografia	▶▶▶▶▶▶	aW-rtooXZ vwer_+%? o45fckl^ xswpync6r;? b(*%?3cs
MENSAGEM ORIGINAL		PROCESSO DE CRIPTOGRAFIA		MENSAGEM CRIPTOGRAFADA

Existem duas técnicas principais de criptografia: (a) simétrica ou de chave privada e (b) assimétrica ou de chave pública. O quadro a seguir apresenta uma comparação entre essas duas técnicas.

Quadro 8.2 - Comparação entre criptografia simétrica e assimétrica

Categoria	Características	Observações
Simétrica	Utiliza única senha ou chave. Chave pouco protegida.	Quem tiver acesso à chave, pode decifrar as mensagens.
Assimétrica	Utiliza um par de chaves (uma pública e uma privada). Maior proteção.	Mesmo tendo acesso à chave pública, não é possível decifrar as mensagens. Utilizada para assinatura digital.

_ **Senhas** – O objetivo principal de uma senha é possibilitar a autenticação de um usuário, ou seja, identificar se ele é realmente quem diz ser. Uma senha pode ser composta por caracteres, símbolos e números, necessitando ser alterada periodicamente. Não deve ser emprestada ou fornecida a outra pessoa.

_ *Firewall* – É um sistema de proteção que monitora constantemente o que entra e o que sai da rede ou de um computador isolado e conectado à internet. Busca monitorar o comportamento do sistema e, ao identificar alterações, trata-as de forma adequada. Um *firewall* (cuja tradução literal é "muro de fogo") pode ser baseado em *hardware* e/ou *software*. Em nível corporativo, normalmente se baseia em *hardware* e *software*; já em nível doméstico, geralmente se baseia apenas em *software*.

_ IDS (*Intrusion Detect System*, ou sistema de detecção de intrusão) – É um recurso complementar ao *firewall*. Consiste em um *software* que analisa periodicamente e em detalhes o comportamento dos dados que trafegam na rede da empresa, identificando atividades que podem indicar uma tentativa de invasão.

_ Gerenciamento de riscos – Pode ser considerado um processo sistematizado para classificar os tipos de riscos existentes em um ambiente informatizado e os meios de controlar as principais ameaças associadas, bem como evitar que esses riscos venham a concretizar-se.

_ Plano de contingência – Também designado como **plano de continuidade dos negócios**, pode ser entendido como um conjunto de procedimentos que devem ser adotados quando uma organização se depara com problemas que comprometem a continuidade normal das atividades inerentes ao negócio[9]. Seu objetivo principal é minimizar os impactos causados pelas ocorrências de contingências e desastres não previstos até que o sistema retorne à normalidade. Deve combinar ações de recuperação preventivas e, principalmente, corretivas, visando permitir a continuidade das operações.

_ Auditoria – É uma verificação periódica efetuada por um auditor com o objetivo de identificar eventuais anomalias em um sistema. Visa ainda examinar os registros e as atividades de um sistema, procurando avaliá-lo sob o aspecto de sua confiabilidade[10]. Pode ser interna, realizada por um funcionário da própria empresa, ou externa, conduzida por um profissional contratado[11].

[resumo do capítulo]

A segurança da informação é uma preocupação administrativa e não puramente técnica. Assim, é necessário estabelecer medidas de segurança apropriadas para a proteção das informações. Discutimos inicialmente os elementos básicos da segurança (confidencialidade, integridade, autenticidade e disponibilidade) e, logo em seguida, as principais formas de ataques existentes. Dedicamos atenção especial aos tipos de vírus, tendo em vista estes serem o principal meio de ataque utilizado atualmente. Comentamos também as medidas de segurança mais empregadas e sua classificação, apresentando as mais importantes ferramentas e tecnologias disponíveis no mercado.

[questões para debate]

1. Defina segurança.

2. Discuta sobre os elementos da segurança.

3. Diferencie um *hacker* de um *cracker*.

4. O que é engenharia social?

5. Classifique as ferramentas e as tecnologias apresentadas no item "Medidas de segurança – ferramentas e tecnologias" em preventivas, detectivas e ou corretivas.

6. O que é um *firewall*?

7. O que é criptografia? Quais as duas técnicas mais utilizadas?

parte_IV

[aplicativos de escritório]

Nesta última parte do livro, serão trabalhados os principais *softwares* aplicativos utilizados pelas organizações: editor de textos, planilha eletrônica e *software* de apresentação. Os capítulos que seguem, têm por objetivo apresentar as mais importantes funcionalidades e utilizações do pacote de aplicativos de uso mais freqüente nas empresas. Para que possa usufruir, ao máximo, os ensinamentos e as dicas apresentados nestes capítulos, é importante que o leitor exercite cada um dos comandos mencionados. São muitas informações que, se testadas na prática, serão mais facilmente retidas e apreendidas.

```
0000_1001 = IX
```

editor
de_textos
(*microsoft_word*)_

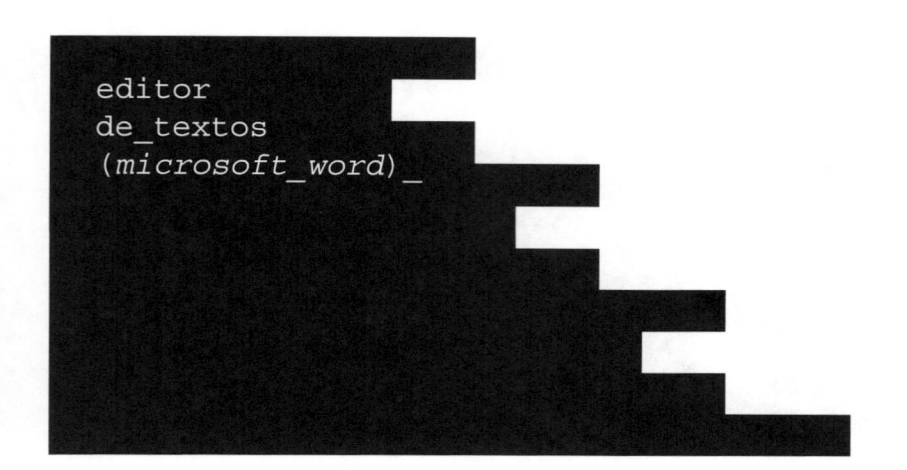

A
mente
que
se
abre
a
uma
nova
idéia
jamais
voltará
ao
seu
tamanho
original.

_Albert
Einstein

Os editores de textos são programas aplicativos elaborados para o desenvolvimento de tarefas específicas visando auxiliar a criação, a manipulação e o gerenciamento de textos. Esses aplicativos possuem vários recursos e comandos que colaboram na organização das idéias na geração e na formatação de documentos. WordStar, WordPerfect, Write, Carta Certa, Redator, WinWord e MSWord são alguns dos aplicativos criados com essa finalidade, a partir da popularização dos microcomputadores.

Dentre os editores de texto mais utilizados na atualidade está o *Word*, que compõe o pacote *Microsoft Office* e será objeto de estudo deste capítulo. Com o propósito de facilitar ao leitor a compreensão acerca da utilização desse aplicativo, nas páginas seguintes apresentaremos instruções de como trabalhar os textos, esclarecendo em detalhes várias questões.

Atenção:
As informações trazidas neste capítulo se referem ao *Microsoft Word 2003*, que compõe o pacote *Office 2003*. Caso o leitor esteja utilizando uma versão mais antiga, é possível que alguns dos comandos não se comportem como mostraremos aqui.
Ao longo do capítulo, apresentaremos figuras em que aparecem telas do produto *Microsoft*, reproduzidas com permissão da *Microsoft Corporation*.

[introdução ao *Microsoft Word 2003*]

O editor de texto *Microsoft Word 2003* possui uma série de recursos interativos que favorecem a interface entre o usuário e o aplicativo, permitindo a utilização otimizada de suas ferramentas para o desenvolvimento de elementos de textos e recursos gráficos para qualquer finalidade. Seus comandos são organizados de maneira a facilitar ajustes durante a elaboração dos textos. Dentre os diversos recursos que o *Word* disponibiliza, podemos destacar a inserção e a manipulação de imagens e a inserção de *links* para a internet em textos, conforme mostrado na Figura 9.1.

Figura 9.1 – Exemplo de utilização de imagens e *links* em documentos *Word*

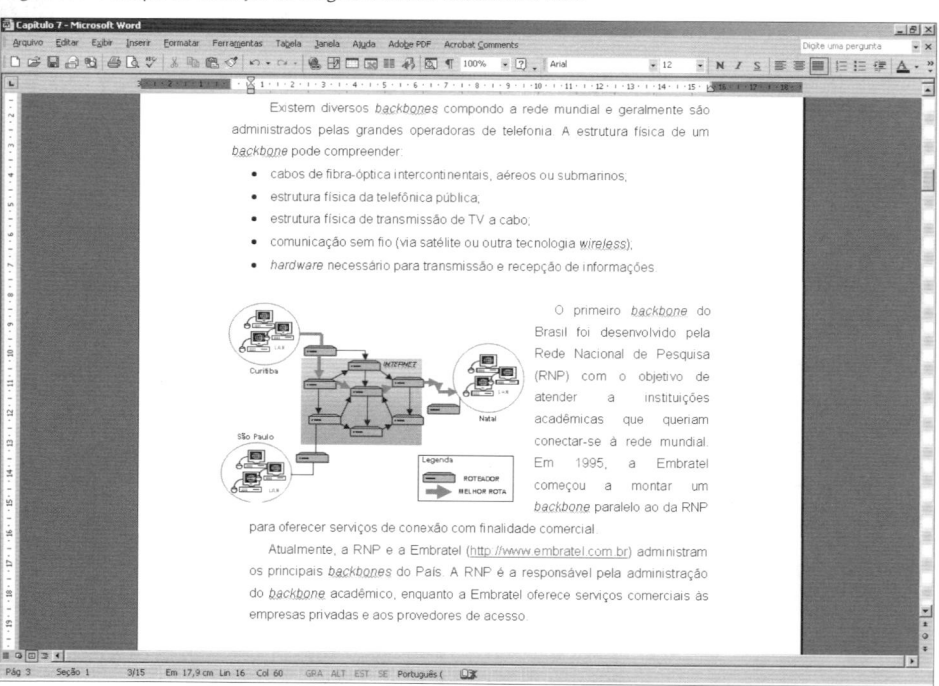

O *Word*, como os demais aplicativos do *Microsoft Office*, possui um assistente para auxiliar o usuário no esclarecimento de dúvidas, podendo ser acionado a qualquer momento. Para ele obter resposta a algum questionamento, basta clicar no ícone do Assistente do *Office*, quando aparecerá uma caixa de diálogo para que o usuário possa inserir sua pergunta e, em seguida, acionar o botão **Pesquisar**.

Figura 9.2 – Caixa de diálogo do Assistente do *Office*

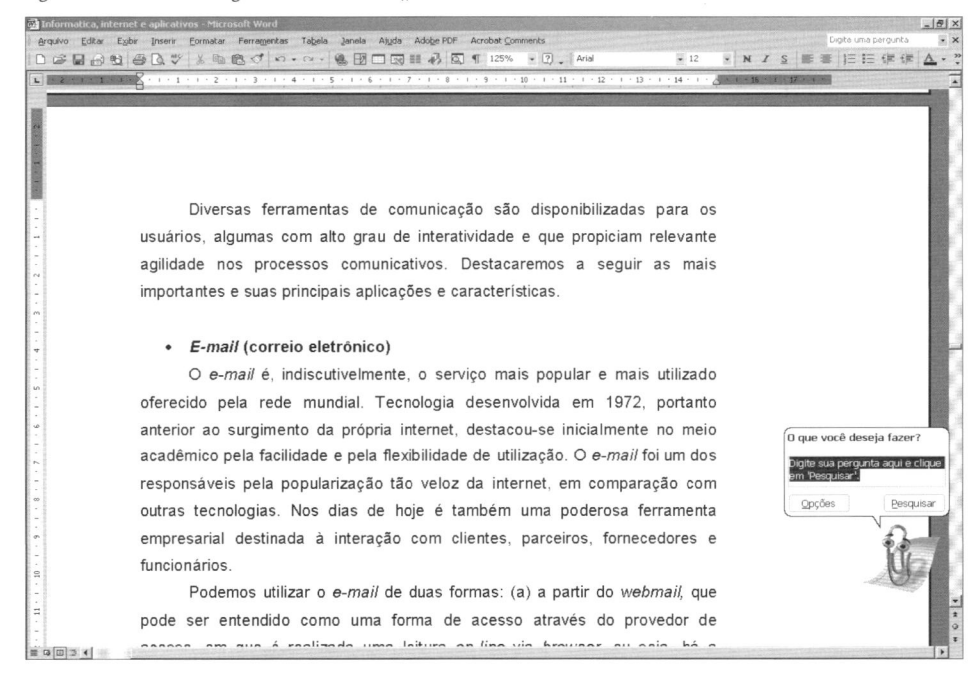

Antes de iniciarmos a apresentação das operações básicas, é importante que o leitor conheça a tela principal do *Word*. A Figura 9.3 mostra os nomes das diversas áreas definidas na tela inicial, as quais são explicadas na seqüência.

Figura 9.3 – Tela inicial do *Word*

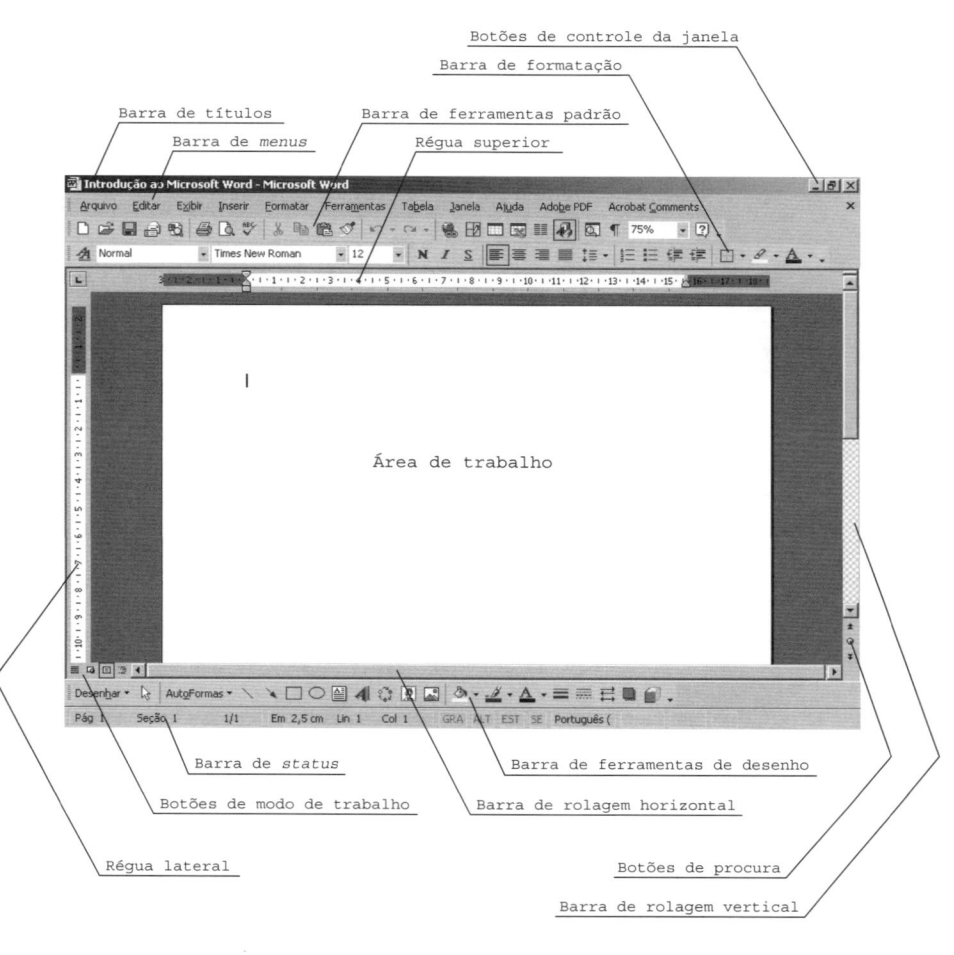

_ **Barra de títulos** – Apresenta o nome do documento aberto seguido pelo nome do aplicativo. No exemplo aparece: "Introdução ao *Microsoft Word – Microsoft Word*". Caso se abra um novo documento, aparecerá: "Documento1 – *Microsoft Word*". À esquerda do título existe um ícone que, ao ser acionado, apresenta uma janela com algumas opções: Restaurar, Mover, Tamanho, Minimizar, Maximizar e Fechar.

Normalmente, quando o usuário está trabalhando com a área total do monitor ocupada pela tela, as opções que aparecem ativas são: Restaurar, Minimizar e Fechar. Essas opções também estão disponíveis em forma de atalhos na extremidade direita da barra, que são chamados de **botões de controle da janela**.

_ Barra de *menus* – Como mostrado na figura, a barra de *menus* está situada imediatamente abaixo da barra de título. Nela estão localizados todos os comandos do *Word*. É composta pelos *menus*: Arquivo, Editar, Exibir, Inserir, Formatar, Ferramentas, Tabela, Janela e Ajuda.

_ Barra de ferramentas padrão – Está localizada imediatamente abaixo da barra de *menus*. É formada por atalhos que substituem os comandos existentes nos *menus* específicos.

_ Barra de formatação – Está localizada imediatamente abaixo da barra de ferramentas padrão. É formada por atalhos que substituem os comandos existentes nos *menus* específicos e está relacionada à formatação do texto.

_ Barra de ferramentas de desenho – Localizada na parte inferior da tela principal do *Word*, fornece uma série de recursos para criação e manipulação de objetos e figuras ou do *clip-art*.

_ Barra de *status* – Localizada no rodapé da tela principal, fornece informações atualizadas a respeito do documento que está sendo trabalhado – página, seção e total de páginas do documento – e ainda sobre a localização do cursor – altura até o topo da página, linha e coluna. Além disso, informa o idioma que está sendo utilizado, bem como o *status* gramatical e ortográfico.

_ Botões de modo de trabalho – São atalhos para a forma de exibição da área de trabalho. Da esquerda para a direita, respectivamente, encontram-se as seguintes opções: Modo Normal, Modo de exibição de *layout* da *Web*, Modo de exibição de *layout* de impressão, Modo de estrutura de tópicos e *layout* de leitura.

_ Botões de procura – Ao ser acionado esse ícone, aparece uma caixa de opções de procura. Essa operação pode ser realizada a partir de diversos parâmetros: campo, nota de fim, nota de rodapé, comentário, seção, página, ir para, localizar, edições, título, gráfico ou tabela.

_ Barras de rolagem – Utilizadas para movimentar o documento tanto na direção vertical quanto na horizontal, agilizam o trabalho de posicionamento do texto na tela.

_ Botões de controle da janela – Localizados no canto superior direito, são três ícones. Através deles o usuário pode minimizar a tela, maximizá-la ou fechar o aplicativo.

_ Área de trabalho – É o local onde é desenvolvido o texto do documento.

_ Réguas da área de trabalho – São escalas numeradas (graduadas em cm) que facilitam o dimensionamento do texto e seu posicionamento na folha. Também fornecem informações a respeito de tabulações do texto.

[iniciando com as operações básicas]

Após essa breve apresentação das principais áreas do *Word*, já podemos iniciar as explicações sobre o aplicativo.

A forma mais utilizada para **abrir um arquivo Word** é o usuário localizar o arquivo e acioná-lo com dois *clicks*. Outro modo é abrir o *Word*, acionar o *menu* **Arquivo**, selecionar o comando **Abrir**, localizar o arquivo a partir da caixa de diálogo aberta e acionar o botão **Abrir**. Essa operação é mostrada nas figuras a seguir.

Figura 9.4 – Abrir arquivo no *Word*

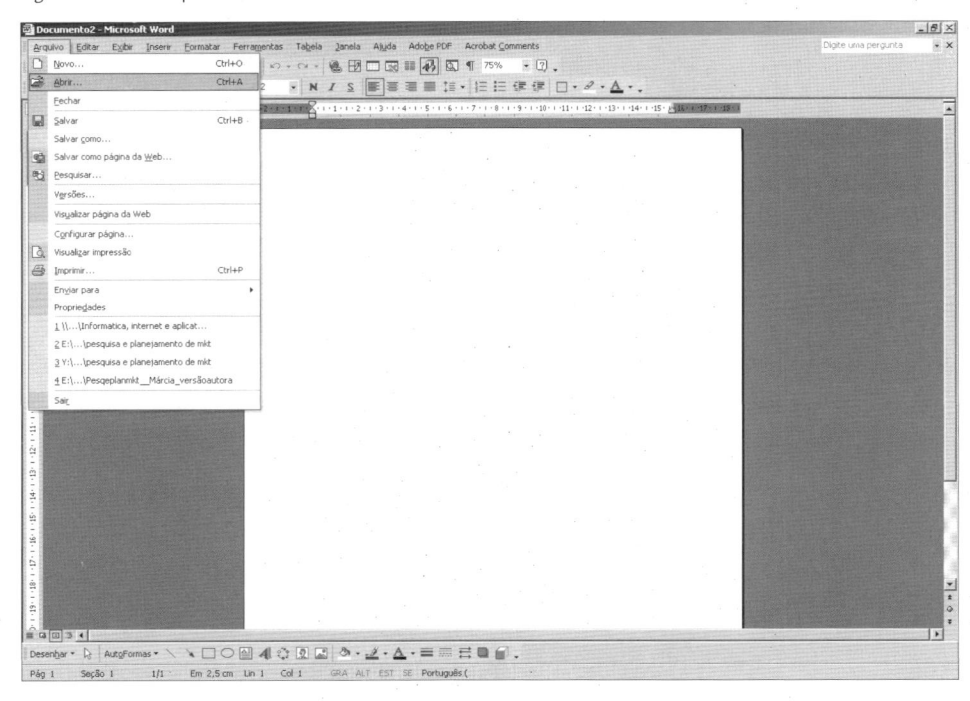

Figura 9.5 – Caixa de diálogo para abrir arquivo

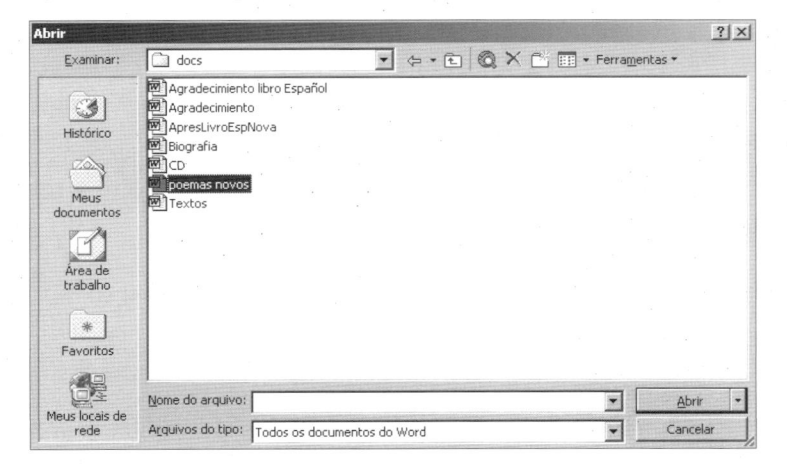

181

...aplicativos_

O usuário ainda pode utilizar atalhos para abrir essa caixa de diálogo: acionar simultaneamente as teclas **Ctrl + A** ou acionar o ícone na barra de ferramentas.

Para **abrir um documento novo**, o usuário deve abrir o *Word*, acionar o *menu* **Arquivo**, selecionar o comando **Novo**, escolher a opção **Documento em branco**. O usuário pode também utilizar um atalho acionando o ícone na barra de ferramentas. Na barra de título aparecerá: "Documento1 – *Microsoft Word*".

Após a elaboração do texto, é importante salvar o documento para não perder o trabalho feito. Para **salvar um arquivo** *Word*, é preciso acionar o *menu* **Arquivo** e selecionar o comando **Salvar**. Na primeira vez em que essa rotina for realizada, aparecerá uma caixa de diálogo **Salvar como**. O usuário deve escolher o local para armazenar o arquivo através dessa caixa, digitar o nome e acionar o botão **Salvar**. A partir da segunda vez em que a opção **Salvar** for acionada no mesmo documento, o arquivo será atualizado com o mesmo nome. O usuário ainda pode utilizar atalhos para salvar o documento: acionar simultaneamente as teclas **Ctrl + B** ou acionar o ícone na barra de ferramentas.

Para ser criada uma cópia do arquivo aberto, basta repetir o procedimento anterior, selecionando o comando **Salvar como** no *menu* **Arquivo** e digitando um novo nome na caixa de diálogo. O arquivo anterior será preservado, e as novas alterações serão atualizadas somente neste novo documento.

No intuito de evitar perdas durante a elaboração do documento, por problemas externos como queda de energia, o *Word* oferece algumas ferramentas, aumentando a confiabilidade do aplicativo. Para programar as **opções de salvamento**, o usuário deve proceder da seguinte maneira: acionar o *menu* **Arquivo** e selecionar o comando **Salvar como**. Quando a caixa de diálogo estiver aberta, ele precisa acionar o *menu* **Ferramentas** no canto superior direito e selecionar **Opções de salvamento** conforme mostrado na Figura 9.6.

Figura 9.6 – Caixa de diálogo para ativar as opções de salvamento

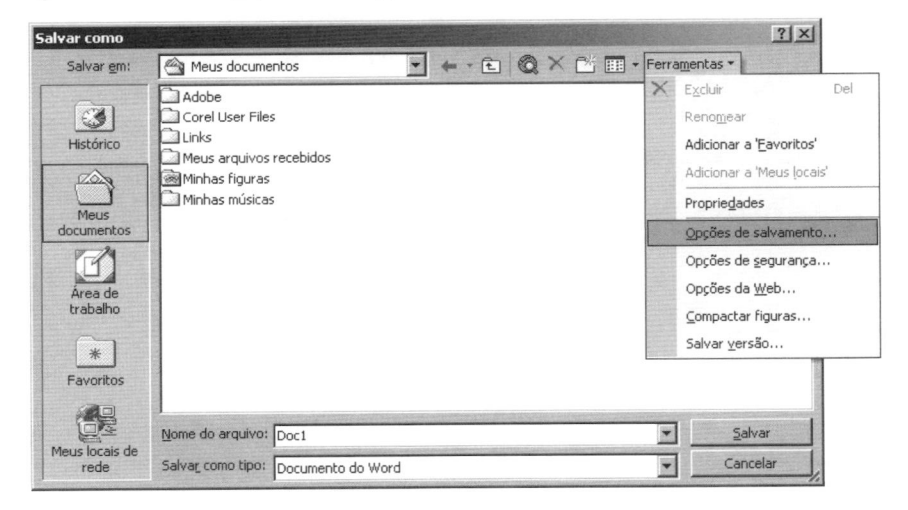

A nova janela apresentará todas as possibilidades de que o *Word* dispõe para configuração de salvamento automático. A partir desse ponto, o usuário deve fazer suas escolhas e definir como o *Word* deve proceder. Essa janela é apresentada na Figura 9.7.

O *Word* oferece recursos de **proteção de documentos**. Isso pode ser feito de duas formas diferentes:

_ Proteger contra leitura – Só permite leitura do documento para as pessoas que conheçam a senha de acesso.

_ Proteger contra gravação – Só permite modificações no documento para as pessoas que conheçam a senha de acesso.

Figura 9.7 – Configuração das opções de salvamento

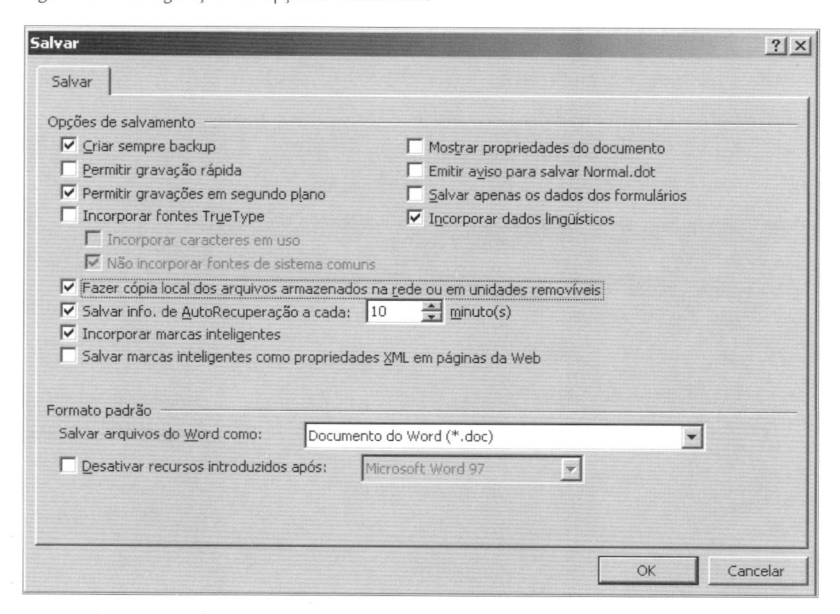

![Caixa de diálogo Salvar com opções de salvamento do Word]

Em ambos os casos, o procedimento é similar ao realizado no acionamento das opções de salvamento. O usuário deve acionar o *menu* **Arquivo** e selecionar o comando **Salvar como**. Na caixa de diálogo, ele precisa acionar o *menu* **Ferramentas** no canto superior direito e selecionar **Opções de segurança,** conforme mostrado na Figura 9.6 Além das duas formas citadas, o aplicativo ainda fornece opções de privacidade e segurança contra vírus de macro. A janela apresentada na Figura 9.8 mostra as possibilidades de que o *Word* dispõe para configuração de segurança. A partir desse ponto, o usuário deve fazer suas escolhas.

Figura 9.8 – Configuração das opções de segurança

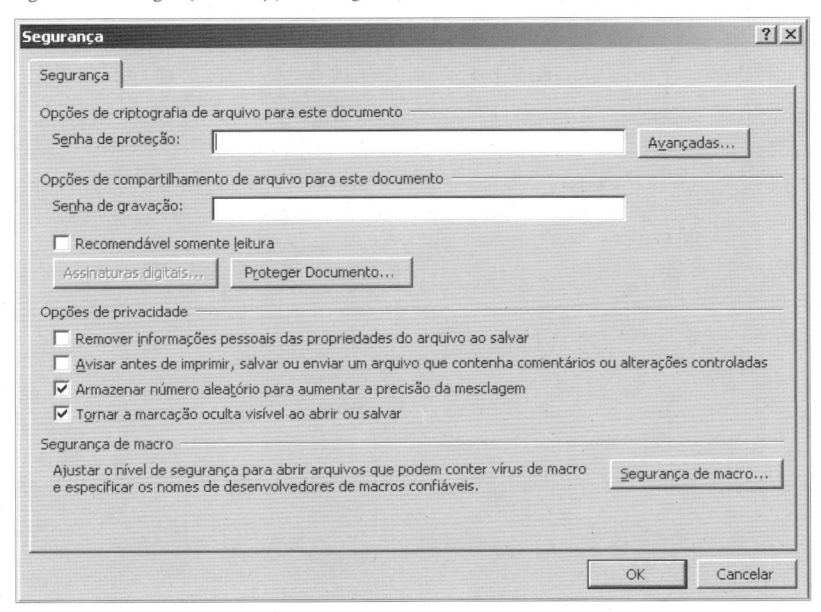

Ao término do trabalho no documento, o usuário pode encerrar o *Word*. Para tanto, basta acionar o *menu* **Arquivo** e selecionar o comando **Fechar** ou acionar o ícone ⊠ situado na extremidade direita da barra de títulos. Caso o comando **Salvar** não tenha sido solicitado após as últimas alterações, o *Word* abrirá uma janela perguntando se o usuário deseja salvar o documento antes de fechá-lo.

[trabalhando com os documentos]

Tendo explicado as operações básicas do aplicativo, podemos iniciar a apresentação das operações de tratamento de textos. Primeiro é necessário conhecer as formas de **seleção de textos**. São muitos os modos para realização dessa tarefa. Aqui serão mencionados os comandos a partir da utilização do *mouse*. Quando o cursor do *mouse* é posicionado sobre os textos, ele possui a forma de "I" e, quando está além da margem esquerda, possui a forma de uma seta. O Quadro 9.1 relaciona o comando a seu resultado para as duas situações citadas.

Quadro 9.1 - Seleção de texto com utilização do *mouse*

	`Comando`	`Resultado`
Posicionando o mouse sobre o texto	1 clique com o botão esquerdo do *mouse*	Posiciona o cursor no local onde foi acionado.
	2 cliques com o botão esquerdo do *mouse*	Seleciona a linha em que está posicionado.
	3 cliques com o botão esquerdo do *mouse*	Seleciona o parágrafo inteiro.
	1 clique mantendo o botão esquerdo do *mouse* acionado e movendo o cursor sobre o texto	Seleciona o texto contido em toda a área de movimentação do cursor.
Posicionando o mouse além da margem esquerda	1 clique com o botão esquerdo do *mouse*	Seleciona a linha em que está posicionado.
	2 cliques com o botão esquerdo do *mouse*	Seleciona o parágrafo inteiro.
	3 cliques com o botão esquerdo do *mouse*	Seleciona o documento inteiro.
	1 clique mantendo o botão esquerdo do *mouse* acionado e movendo o cursor na lateral do texto	Seleciona as linhas contidas em toda a área de movimentação do cursor.

Com o *Word* o usuário pode utilizar vários tipos de letras (fontes, estilos e cores) diferentes. Para **alterar a fonte** de uma determinada parte do documento, ele deve selecionar o texto que deseja modificar (conforme visto no Quadro 9.1), acionar o *menu* **Formatar** e selecionar o comando **Fonte**. Na caixa de diálogo, deve definir a nova fonte, o estilo, o tamanho, a cor, o estilo do sublinhado (se for o caso) e os efeitos que deseja no texto selecionado. Dessa forma, é possível formatar todas as características de uma única vez. Esses itens também podem ser alterados a partir da barra de ferramentas de formatação. O Quadro 9.2

relaciona o comando a seu respectivo resultado após a seleção do texto a ser modificado.

Quadro 9.2 – Comandos para formatação de fonte

Comando	Resultado
Escolher o TIPO de fonte a partir da caixa de opções [Arial]	Determina o TIPO de fonte para o texto selecionado.
Escolher o TAMANHO da fonte a partir da caixa de opções [12]	Determina o TAMANHO da fonte para o texto selecionado.
Acionar o ícone [N] ou acionar simultaneamente as teclas Ctrl + N do teclado	Aplica o efeito **NEGRITO** sobre o texto selecionado.
Acionar o ícone [I] ou acionar simultaneamente as teclas Ctrl + I do teclado	Aplica o efeito **ITÁLICO** sobre o texto selecionado.
Acionar o ícone [S] ou acionar simultaneamente as teclas Ctrl + S do teclado	Aplica o efeito **SUBLINHADO** sobre o texto selecionado.
Escolher a COR da fonte a partir da caixa de opções [A]	Determina a COR da fonte para o texto selecionado.

Outra ferramenta interessante é a verificação ortográfica. Para **verificar se existem erros ortográficos**, o usuário deve acionar o *menu* **Ferramentas** e selecionar o comando **Verificar a ortografia** ou apenas acionar a tecla **F7**. Se não forem encontrados erros de ortografia, aparecerá uma mensagem na tela com o seguinte anúncio: "A verificação ortográfica foi concluída". Caso contrário, a palavra que não consta no dicionário do *Office* será marcada e, em seguida, aparecerá uma caixa de diálogo com opções de palavras para que seja escolhida a palavra que deve substituir o erro. Durante a execução, é possível optar por: Continuar, Ignorar todas, Alterar, Alterar todas, Adicionar, Sugerir, AutoCorreção e fechar.

O usuário pode **selecionar o alinhamento de texto** que melhor se adapte ao tipo de documento em que está trabalhando. Para essa operação, ele pode proceder da seguinte maneira: selecionar o texto que deseja modificar, acionar o *menu* **Formatar** e selecionar o comando **Parágrafo**. Na caixa de diálogo, deve definir o tipo de alinhamento que deseja para o texto selecionado. As opções são: à esquerda, centralizada, à direita ou justificada. A caixa de diálogo para formatação do alinhamento do texto está reproduzida na Figura 9.9.

Figura 9.9 – Formatação de alinhamento do texto

Essa função também pode ser acionada a partir da barra de ferramentas de formatação, utilizando-se os ícones ▦▦▦▦.

Na caixa de diálogo mostrada na Figura 9.9, o usuário pode definir também outras funções de texto como o **espaçamento entre linhas** e as **distâncias de recuos**. Os recuos são espaçamentos entre a margem e o início do texto. Podem ser definidos diretamente na régua superior da tela principal e aplicados à primeira linha ou ao parágrafo todo, conforme mostrado no exemplo da Figura 9.10.

Figura 9.10 – Exemplos de recuos em linhas e parágrafos

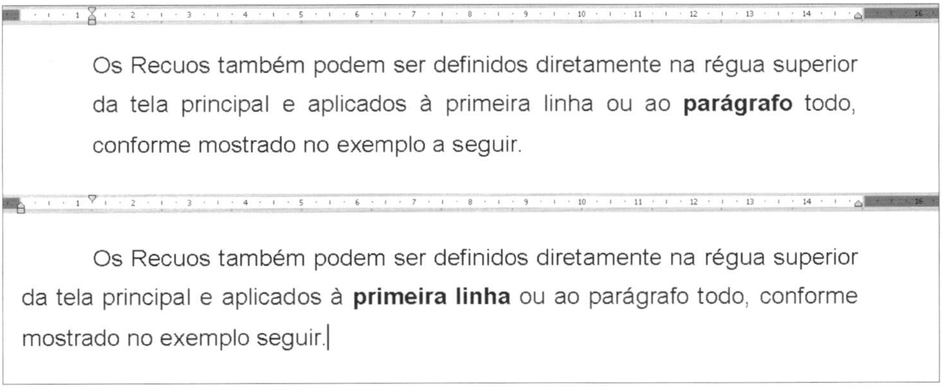

> Os Recuos também podem ser definidos diretamente na régua superior da tela principal e aplicados à primeira linha ou ao **parágrafo** todo, conforme mostrado no exemplo a seguir.

> Os Recuos também podem ser definidos diretamente na régua superior da tela principal e aplicados à **primeira linha** ou ao parágrafo todo, conforme mostrado no exemplo seguir.

O *Word* permite a inserção de marcadores e numeração durante o texto. Essa operação deve seguir a seguinte rotina: selecionar o texto, acionar o *menu* **Formatar** e selecionar o comando **Marcadores e numeração**. Na caixa de diálogo, é necessário definir o tipo do marcador ou de numeração a ser utilizado.

As margens do documento são as distâncias entre as bordas da folha e o início da área de trabalho do texto. Para **alterar as configurações iniciais**, o usuário deve seguir os seguintes passos: acionar o *menu* **Arquivo** e selecionar o comando **Configurar página**. Na caixa de diálogo, deve definir as distâncias para as margens esquerda, direita, superior e inferior. A Figura 9.11 mostra a caixa de diálogo para configurar a página. Essas distâncias podem ser definidas a partir da digitação do valor no espaço correspondente ou aumentando-se e diminuindo-se os valores através das setas existentes no lado direito de cada espaço de preenchimento. As novas configurações de margem podem ser aplicadas em todo o texto ou somente a partir de um ponto definido pelo posicionamento do cursor.

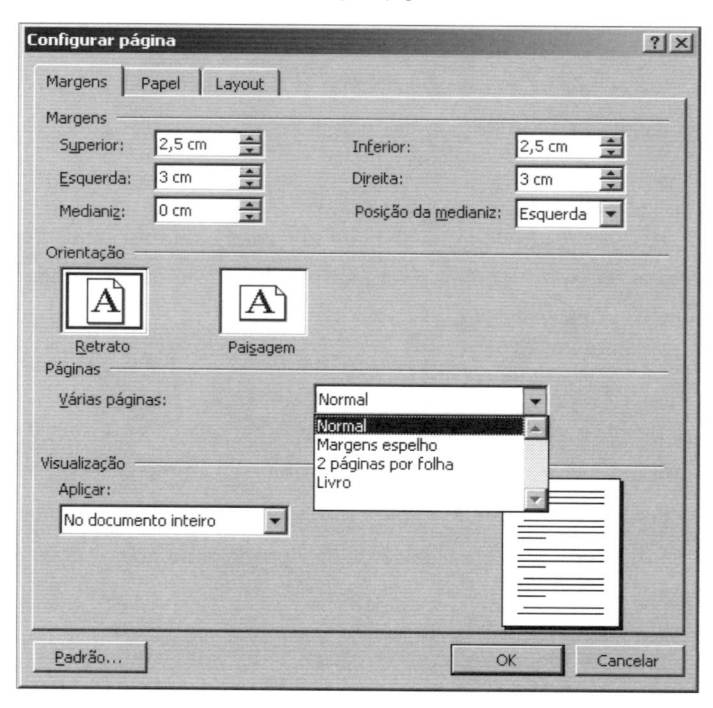

Figura 9.11 – Caixa de diálogo para configurar página

A partir da caixa de diálogo de configuração de página, mostrada na figura anterior, o usuário pode escolher a **orientação do texto** através das opções Retrato e Paisagem. Outra parametrização possível é a definição de comportamento das margens ao longo de todo o documento.

As **tabulações** do *Word* podem ser definidas como segue: acionar o *menu* **Formatar** e selecionar o comando **Tabulação**. Na caixa de diálogo, é preciso definir as distâncias para cada ponto de tabulação, o alinhamento utilizado para a referência e o tipo de preenchimento (se for o caso). A Figura 9.12 mostra o formato da caixa.

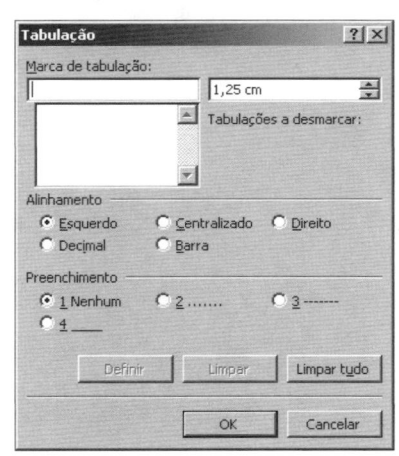

Figura 9.12 – Caixa de diálogo para configurar tabulação

O **espaçamento entre os caracteres** também pode ser modificado. Para executar essa função, o usuário deve acionar o *menu* **Formatar** e selecionar o comando **Fonte**. Na caixa de diálogo, ele tem que acionar a alça **Espaçamento de caracteres**, localizada na parte superior da janela, e, em seguida, definir os parâmetros Dimensão, Espaçamento e Posição. A Figura 9.13 mostra o formato da caixa.

Nessa mesma caixa de diálogo, ao acionar a alça **Efeitos de texto**, o usuário terá acesso a algumas animações. Porém, esse tipo de configuração funciona apenas como efeito de tela, não afetando o documento impresso.

Figura 9.13 – Caixa de diálogo para espaçamento de caracteres

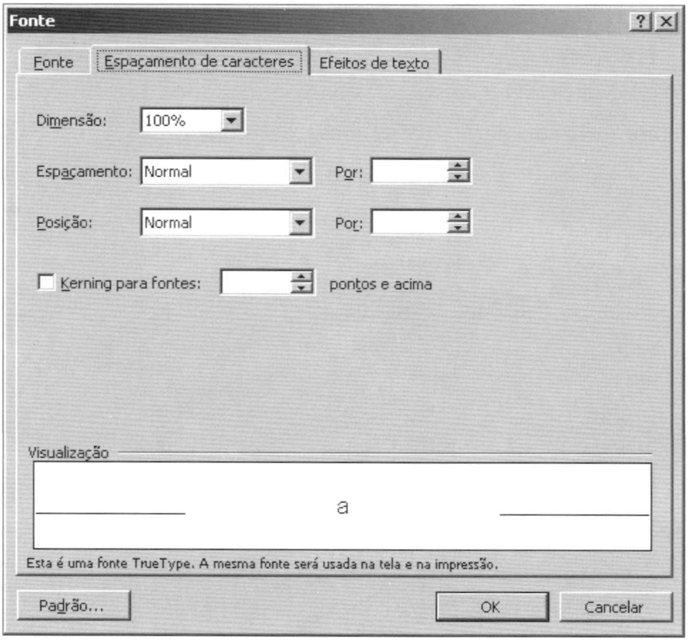

Alterando configurações

As configurações relacionadas ao **tamanho e à origem do papel** são definidas ao ser selecionado o comando **Configurar página**, localizado no *menu* **Arquivo**. Na caixa de diálogo, o usuário deve acionar a alça **Papel**, localizada na parte superior da janela, e definir o tamanho do papel na caixa de opções ou a largura e a altura caso o papel utilizado não possua um tamanho padrão. Em seguida, ele tem que definir a fonte do papel e se as alterações devem ser aplicadas ao documento inteiro. A Figura 9.14 reproduz o formato da caixa de diálogo.

Figura 9.14 – Configurar tamanho e origem do papel

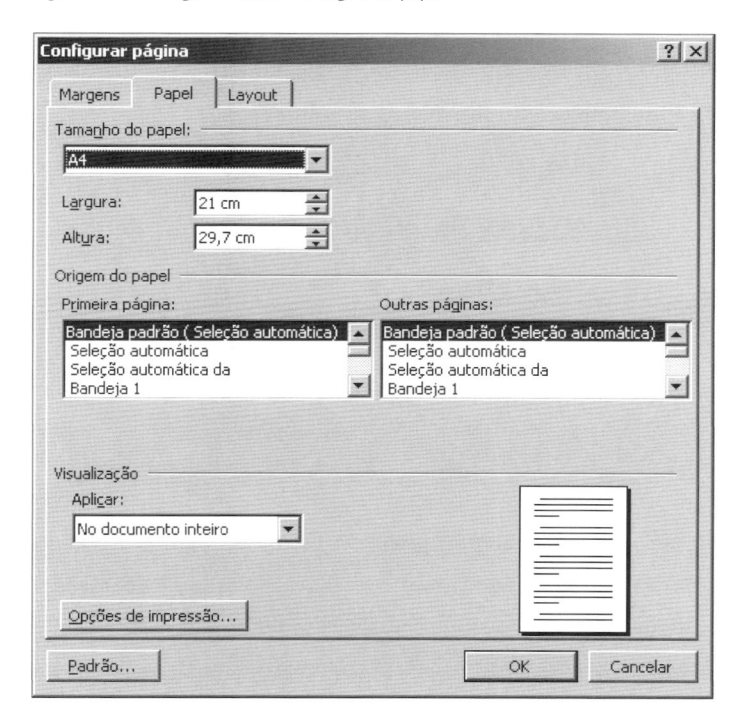

O *Word* possui uma função automática de **numeração de páginas**. Para utilizar esse recurso, o usuário deve proceder da seguinte maneira: acionar o *menu* **Inserir** e selecionar o comando **Números de páginas**. Na caixa de diálogo, ele tem que definir a posição, o alinhamento e se deve mostrar número na 1ª página. A Figura 9.15 mostra o formato da caixa de diálogo referente à numeração de páginas.

Caso queira formatar a numeração, o usuário precisa acionar o botão **Formatar** dessa janela e fornecer os parâmetros desejados.

A barra de ferramentas oferece um recurso para **realçar palavras ou partes do texto** que mereçam algum destaque. Para utilizar essa ferramenta, o usuário deve acionar o ícone [ícone], localizado à direita da barra de formatação, e, em seguida, selecionar a palavra ou o texto a ser evidenciado. Para alterar a cor de realce, ele tem que selecionar a caixa de opções acionando a seta do lado direito do ícone.

Figura 9.15 – Configurar numeração de páginas

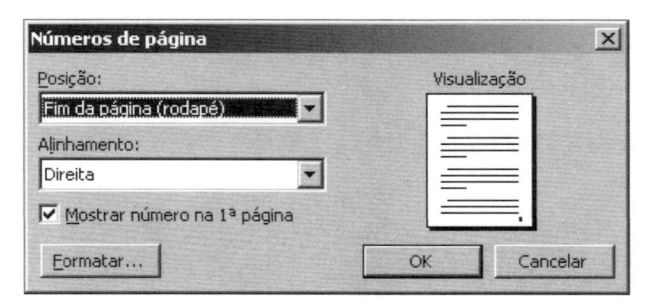

O usuário pode **estilizar parágrafos a partir de estilos existentes no** *Word*. Para isso, ele deve acionar o comando **Estilos e formatação** do *menu* **Formatar** da barra de *menus*. Será adicionada a janela **Estilos e formatação** ao lado direito da tela principal. Para utilizá-la, o usuário tem que selecionar o parágrafo e, em seguida, escolher a formatação a ser utilizada. Essa operação também pode ser realizada por meio do botão de estilos [Normal + Arial], localizado ao lado esquerdo da barra de formatação da barra de ferramentas.

Caso queira utilizar um estilo diferente dos existentes no *Word*, o usuário pode **criar novos estilos**. Ao acionar o botão **Novo estilo**, da janela **Estilos e formatação**, aparecerá uma caixa de diálogo conforme mostrado na Figura 9.16.

Nessa caixa, o usuário deve definir um nome para o estilo a ser criado, determinar o tipo de estilo, escolher a base para o novo estilo e estabelecer o estilo para o parágrafo seguinte (normalmente se repete o nome escolhido). Em seguida, é preciso configurar o novo estilo e finalizar acionando o botão **OK**.

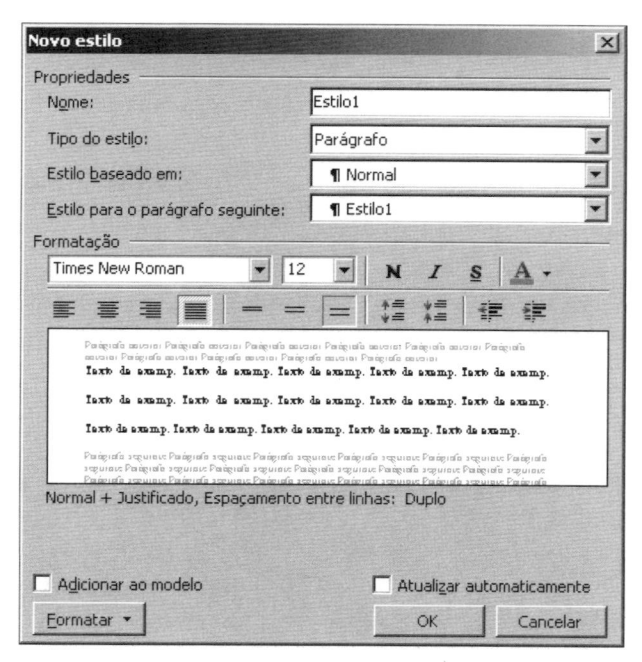

Figura 9.16 – Criar novos estilos

Com o recurso de **cópia de estilos com utilização do pincel**, o usuário pode promover rápidas estilizações localizadas. Para realizar essa operação, ele deve selecionar o texto que tem a formatação ou o estilo desejado, acionar o botão e, em seguida, selecionar o texto que receberá a nova formatação.

Utilizando cabeçalho, rodapé, notas e comentários

Para **utilização de cabeçalhos e rodapés** no documento, o usuário deve acionar o comando **Cabeçalho e rodapé** do *menu* **Exibir**. Ao executar esse procedimento, aparecerá uma linha pontilhada na parte superior da página, demarcando os limites do cabeçalho. Será aberta também a barra de ferramentas de cabeçalho e rodapé, conforme mostrado a seguir.

Para configurar o cabeçalho, o usuário pode usar os recursos da barra ou inserir e formatar de acordo com sua conveniência. A barra oferece uma série de pré-formatações para facilitar o trabalho. Dentre elas estão as opções de **Autotexto** e os botões, que inserem respectivamente número da página, número de páginas, formatação do número de páginas, data e hora.

Figura 9.17 – Configurar cabeçalho e rodapé

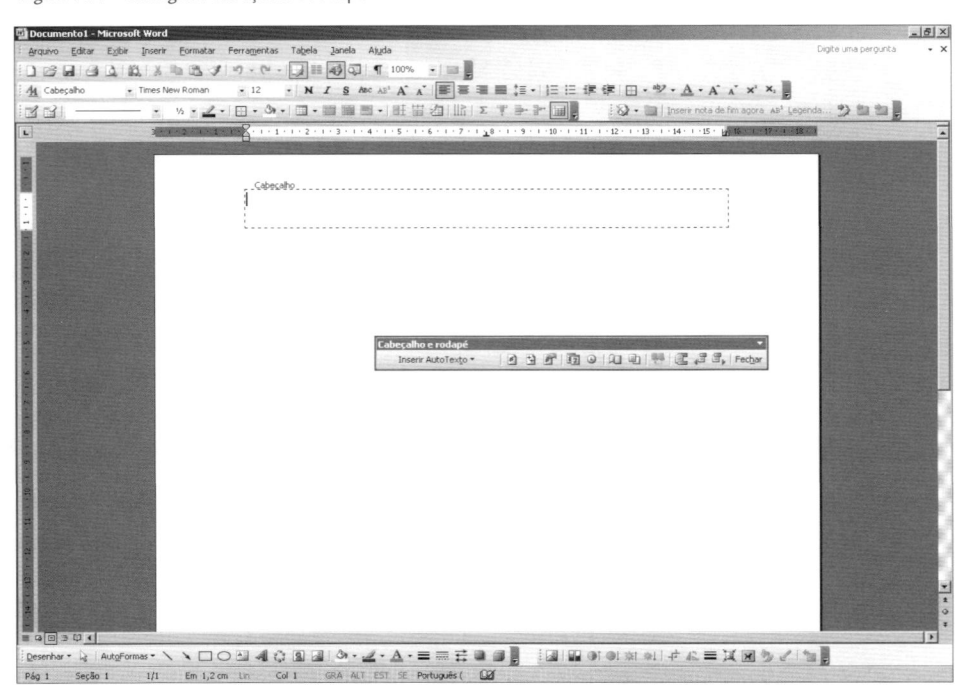

Se o usuário desejar, pode **configurar cabeçalhos e rodapés diferentes para páginas pares e ímpares**. Para tanto, é necessário acionar o ícone na barra **Cabeçalho e rodapé**, selecionar a alça *Layout* e marcar a opção **Diferentes em páginas pares e ímpares**. Durante a edição, é possível alternar a visualização dos conteúdos de cabeçalhos e rodapés das páginas através do acionamento dos ícones .

O *Word* permite a **utilização de notas** explicativas para determinados termos ou partes de textos. Para utilizar esse recurso, o usuário deve posicionar o cursor no final da palavra ou do texto que deseja explicar, acionar o *menu* **Inserir**, selecionar a opção **Referência** e, em seguida, o item **Notas**. Aparecerá uma caixa de diálogo como mostrado na Figura 9.18.

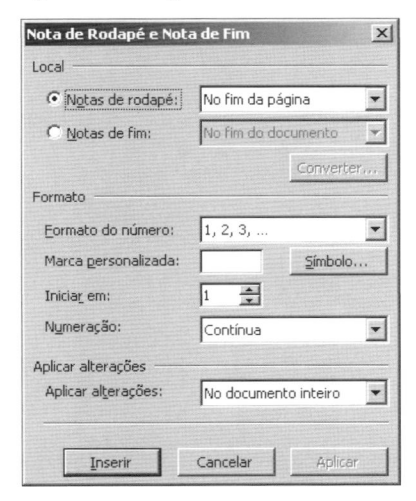

Figura 9.18 – Configurar notas

Após definir os parâmetros escolhidos, o usuário deve acionar o botão **Inserir** e escrever o texto explicativo no rodapé da página ou no final do documento. É importante citar que as notas de rodapé ou de fim de texto aparecem no documento impresso.

Caso queira **introduzir notas no texto do arquivo eletrônico que não apareçam na impressão,** o *Word* oferece um recurso chamado **Inserir Comentário*.** Para utilizá-lo, o usuário deve posicionar o cursor no final da palavra ou do texto que deseja comentar, acionar o *menu* **Inserir,** selecionar a opção **Comentário.** Aparecerá uma caixa para inserir os comentários referentes à palavra selecionada, e será aberta uma barra de revisão, conforme representado na Figura 9.19.

Figura 9.19 - Inserir comentários

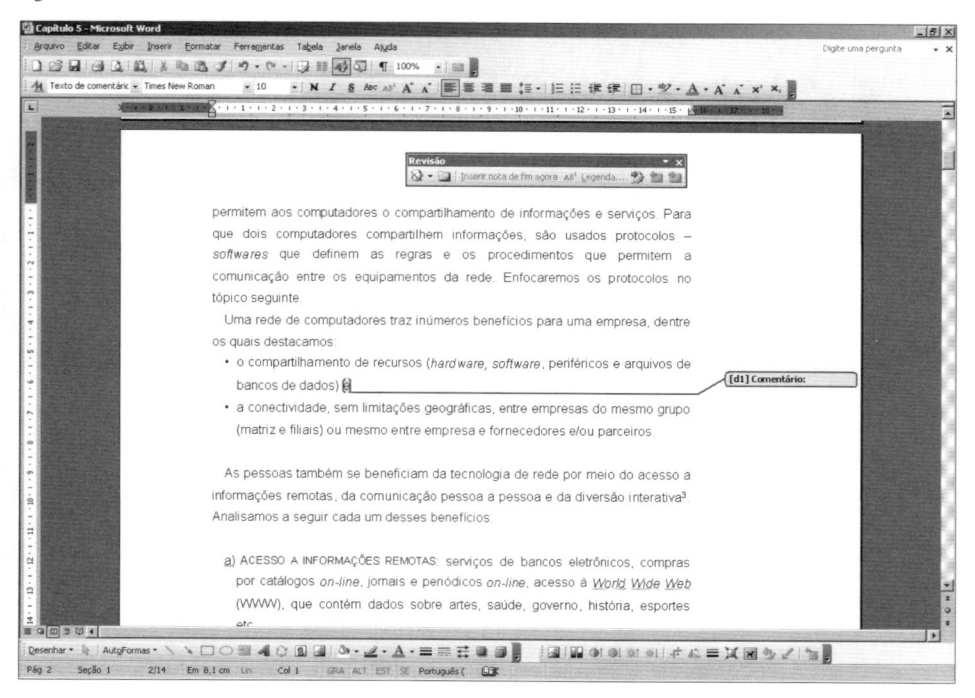

---

* Com esse recurso o usuário pode imprimir ou não os comentários de acordo com a opção escolhida na caixa de diálogo de impressão. As opções são: (1) Imprimir Documento e (2) Imprimir Documento mostrando a marcação.

Inserindo tabelas

Para **inserir uma tabela** no documento, o usuário deve posicionar o cursor no local onde deseja inserir a tabela, acionar o *menu* **Tabela**, selecionar a opção **Inserir** e, em seguida, o item **Tabela**. Aparecerá uma caixa de diálogo na qual ele tem que definir quantas colunas e linhas a tabela deve conter e determinar o comportamento de auto-ajuste. A Figura 9.20 mostra a forma da caixa. Caso queira utilizar um dos padrões de formatação do *Word*, o usuário precisa acionar o botão **AutoFormatação** e escolher um dentre os vários tipos de tabelas pré-formatadas.

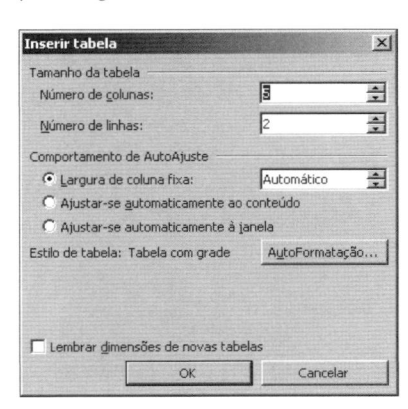

Figura 9.20 – Caixa de diálogo para configurar tabelas

A partir daí, é só preencher os campos com as respectivas informações. As **configurações da tabela** podem ser alteradas da mesmo modo como é feito no documento, conforme representado na Figura 9.21.

Figura 9.21 – Atalho para configurar tabelas

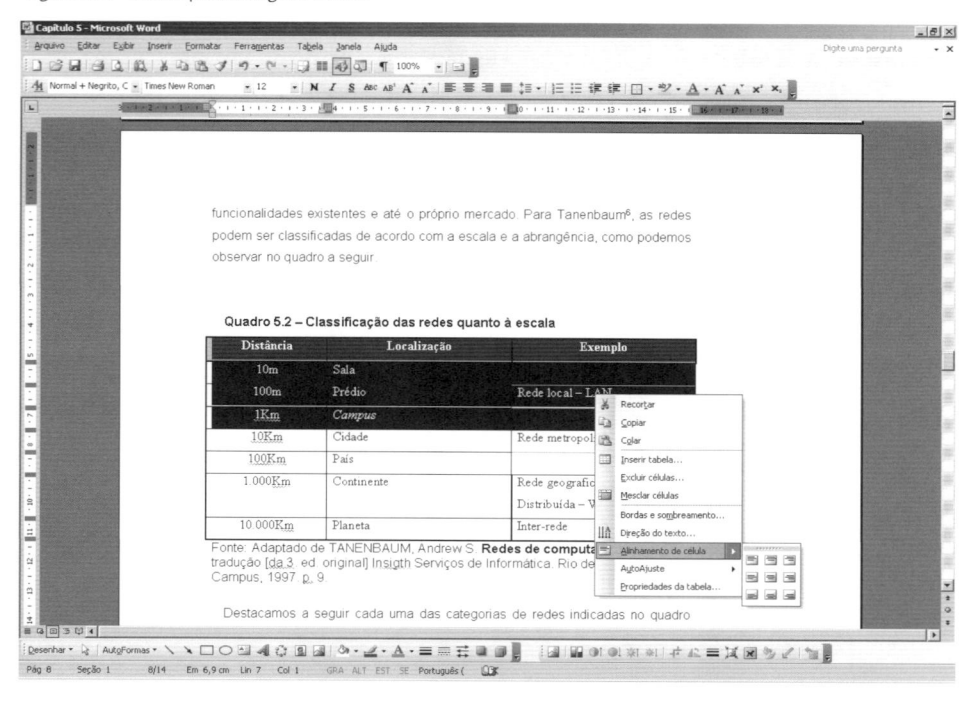

Inserindo figuras no documento

O *Word* oferece recursos para inserção e manipulação de figuras nos documentos. Para **inserir figuras**, o usuário deve acionar o *menu* **Inserir**, selecionar **Imagem** e escolher uma dentre as oito opções disponíveis: *Clip-art*, Do arquivo, Do *scanner* ou câmara, Novo desenho, AutoFormas, WordArt, Organograma e Gráfico, conforme podemos ver na Figura 9.22.

Se a opção escolhida for **Clip-art**, será adicionada uma janela do *Clip-art* ao lado direito da tela principal. Para utilizá-la, o usuário deve escolher uma das imagens fornecidas e acioná-la. Se a opção for **Do arquivo**, será aberta uma caixa de diálogo para que o usuário procure o arquivo que contenha a imagem desejada e a insira no texto. Além dessas duas, ainda existem as outras seis opções citadas anteriormente.

Figura 9.22 – Inserir figuras

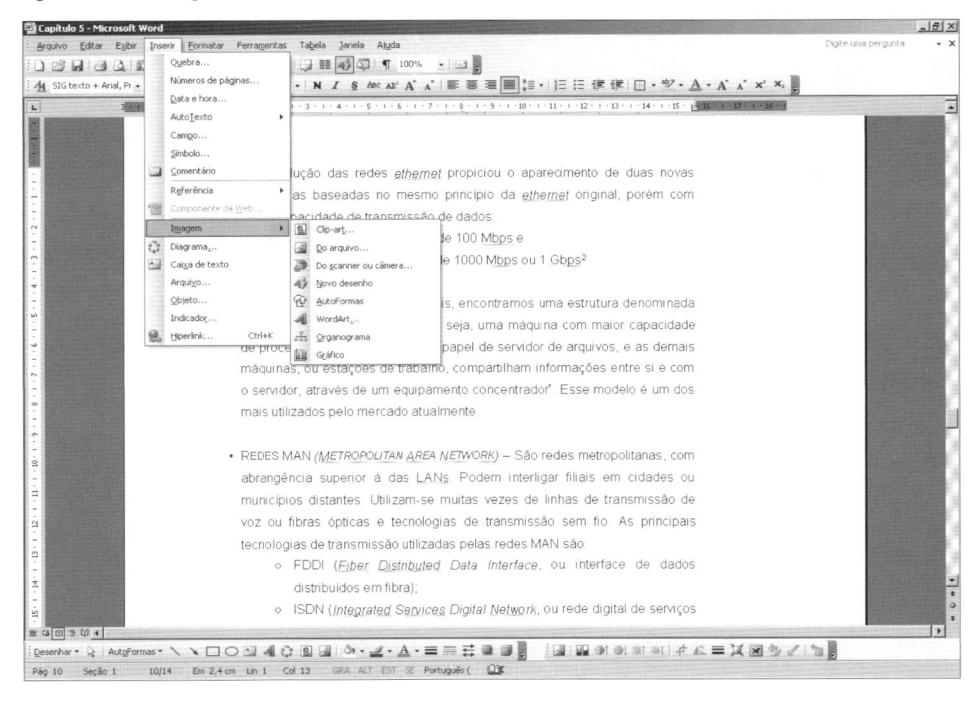

Para **formatar figuras**, o usuário deve clicar com o botão direito do *mouse* em cima da imagem e selecionar a opção **Formatar Imagem**. Na caixa de diálogo, ele tem que selecionar a alça correspondente à característica que deseja formatar e escolher as opções. Como exemplo, a Figura 9.23 mostra as opções da alça **Layout**.

Ao ser selecionada a opção **Quadrado**, por exemplo, o resultado será a continuação do texto ao redor da imagem. A Figura 9.24 mostra esse resultado.

Figura 9.23 – *Layout* de figura

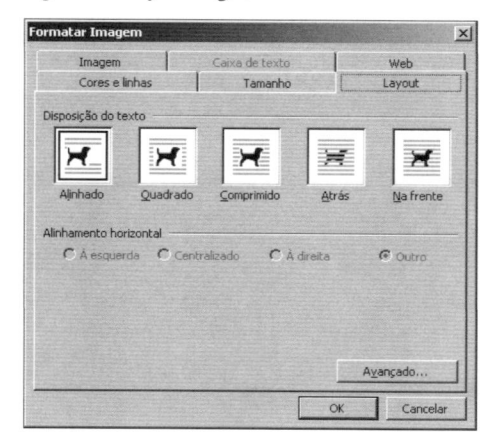

Figura 9.24 – Texto ao redor de figura

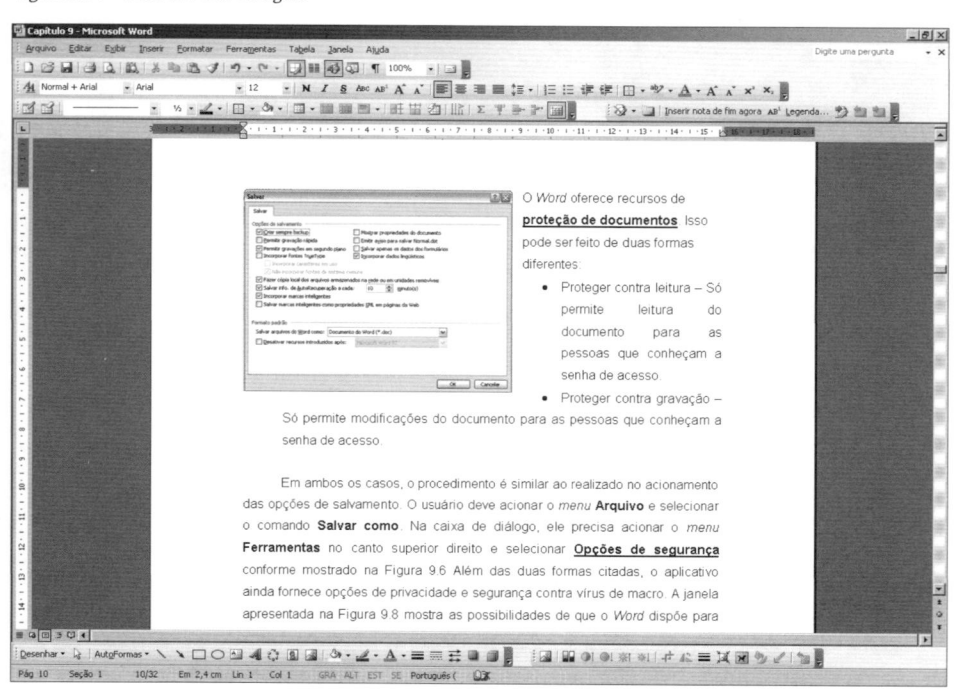

O *Word* oferece recursos de **proteção de documentos**. Isso pode ser feito de duas formas diferentes:

- Proteger contra leitura – Só permite leitura do documento para as pessoas que conheçam a senha de acesso.
- Proteger contra gravação – Só permite modificações do documento para as pessoas que conheçam a senha de acesso.

Em ambos os casos, o procedimento é similar ao realizado no acionamento das opções de salvamento. O usuário deve acionar o *menu* **Arquivo** e selecionar o comando **Salvar como**. Na caixa de diálogo, ele precisa acionar o *menu* **Ferramentas** no canto superior direito e selecionar **Opções de segurança** conforme mostrado na Figura 9.6. Além das duas formas citadas, o aplicativo ainda fornece opções de privacidade e segurança contra vírus de macro. A janela apresentada na Figura 9.8 mostra as possibilidades de que o *Word* dispõe para

Imprimindo arquivos

Antes de partir para a impressão do arquivo, é interessante visualizá-lo para uma última averiguação. Para isso, o usuário deve acionar o *menu* **Arquivo** e selecionar a opção **Visualizar Impressão** ou acionar o ícone , localizado na barra de ferramentas. Aparecerá uma nova tela que mostrará o documento na disposição em que será impresso, conforme mostrado na Figura 9.25. O documento pode ser impresso a partir do acionamento do ícone na barra de ferramentas da tela de visualização.

Figura 9.25 – Visualizar impressão

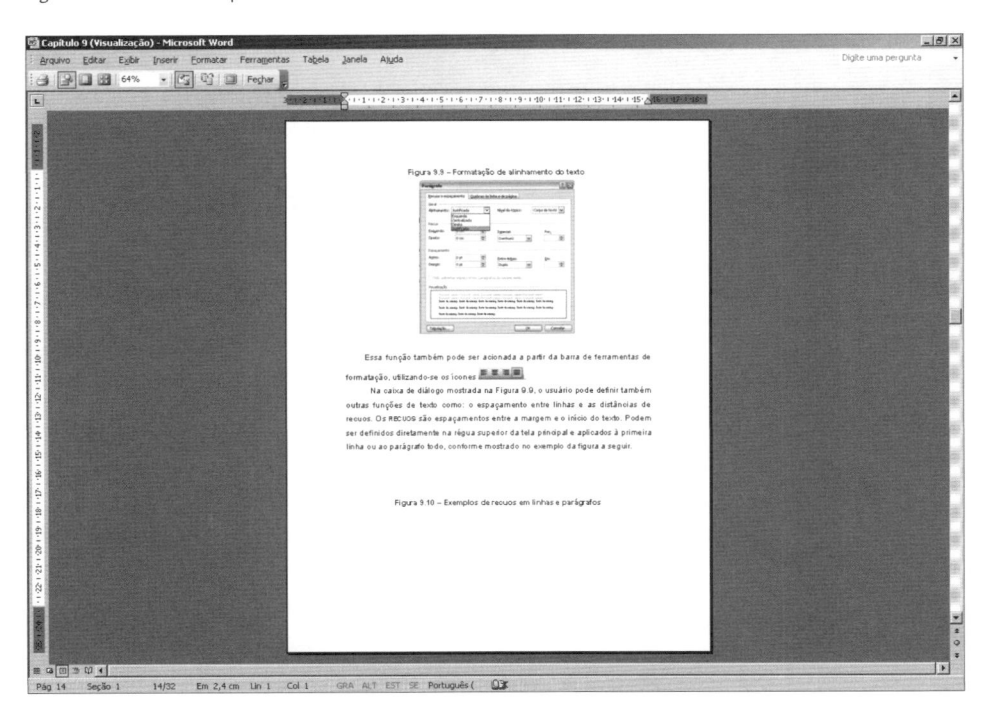

Para melhor visualização de detalhes, o usuário pode acionar o ícone a fim de ampliar determinada região do documento. Se quiser ver apenas uma folha na tela, deve acionar o ícone 🔲. Para ver mais de uma folha, deve acionar o ícone 🔳 e definir o número de folhas que aparecem na tela. Além dessas opções, ainda é possível mostrar ou ocultar as réguas a partir do acionamento do ícone 🔲 e visualizar o documento na tela inteira.

Para **imprimir**, o usuário deve acionar o *menu* **Arquivo** e selecionar a opção **Imprimir**. Aparecerá uma caixa de diálogo como mostrado na Figura 9.26. O usuário deve escolher a impressora que realizará esse processo, o intervalo de páginas a serem impressas, o número de cópias que deseja imprimir e o número de páginas por folha. Ao acionar o botão **Propriedades**, será aberta uma nova janela na qual poderá definir a qualidade de impressão e as configurações do papel.

Figura 9.26 – Configurar impressão

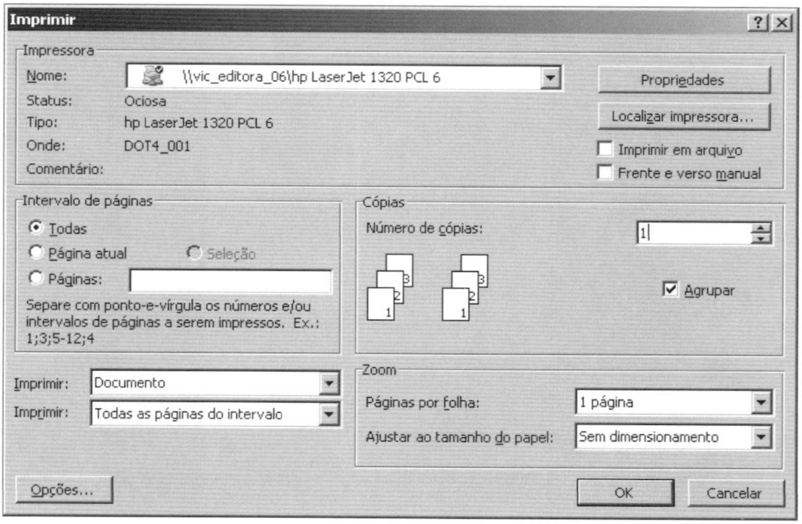

Utilizando recursos da internet

O *Word* permite a **criação de *links* para outros documentos**. Para realizar essa operação, o usuário deve selecionar a palavra ou o texto desejado, acionar o *menu* **Inserir** e selecionar a opção ***Hiperlinks*** ou acionar o ícone . Aparecerá uma caixa de diálogo como mostrado na Figura 9.27.

Figura 9.27 – Inserir *hiperlink*

O usuário deve escolher e localizar o arquivo e, em seguida, acionar o botão **OK**. Dessa mesma maneira é possível **digitar o endereço de um *site* da internet** em vez do endereço de um arquivo.

Outra forma de inserir um *hiperlink* para a internet é digitar diretamente um endereço de uma *homepage* no texto, e o *hiperlink* será criado automaticamente pelo *Word*.

[resumo do capítulo]

Apresentamos um curso rápido sobre a utilização de um editor de textos, enfocando alguns dos recursos do aplicativo, da utilização do

Assistente do *Office* e ainda da tela principal. Em seguida, abordamos tópicos referentes às principais ações realizadas no *Word* para a criação, a manipulação e a configuração de documentos, descrevendo as mais importantes operações que podem ser efetuadas com esse aplicativo, inclusive quanto à inserção de figuras, à impressão de arquivos e à utilização de recursos da internet.

[questões para debate]

1. Qual é a principal função da barra de ferramentas e quais são as opções para sua exibição na tela principal?

2. Como podemos proteger um documento feito no *Word 2003*?

3. Por que é importante conhecer as formas de seleção de textos?

4. Como podemos criar estilos e quando usaríamos essa função?

5. Quais as opções possíveis quando desejamos inserir imagens num documento do *Word 2003*?

6. Em que situação devemos utilizar formatos diferentes de cabeçalhos e rodapés para páginas pares e ímpares?

7. Como e para que utilizar a opção **AutoFormatação de tabela**?

```
0000_1010 = X
```

planilha
eletrônica
(*microsoft
excel*)_

Feliz
aquele
que
transfere
o
que
sabe
e
aprende
o
que
ensina.

_Cora Coralina

O *Microsoft Excel 2003*, objeto de estudo deste capítulo, é um programa aplicativo criado para o desenvolvimento de tarefas específicas visando auxiliar a criação e a manutenção de planilhas eletrônicas. Com o propósito de possibilitar ao leitor a compreensão quanto à utilização desse aplicativo, nas páginas seguintes apresentaremos instruções de como trabalhar planilhas, esclarecendo em detalhes várias questões.

> Atenção:
> As informações tratadas neste capítulo se referem ao *Microsoft Excel 2003*, que compõe o pacote *Office* 2003. Caso o leitor esteja utilizando uma versão mais antiga, é possível que alguns dos comandos não se comportem como mostraremos aqui.
> **Ao longo do capítulo, apresentaremos figuras em que aparecem telas do produto *Microsoft*, reproduzidas com permissão da *Microsoft Corporation*.**

[introdução ao *Microsoft Excel 2003*]

O *Microsoft Excel 2003* possui uma série de recursos interativos que favorecem a interface entre o usuário e o aplicativo, permitindo a utilização otimizada de suas ferramentas para o desenvolvimento e a manipulação de cálculos, além da inserção de gráficos criados com base nos dados da planilha. Seus comandos são organizados de maneira a facilitar ajustes durante a manutenção de fórmulas.

O *Excel*, como os demais aplicativos do *Microsoft Office*, possui um assistente para auxiliar no esclarecimento de dúvidas. Para obter mais informações sobre sua utilização, o leitor pode verificar o capítulo 9 – Editor de textos – *Microsoft Word*.

Figura 10.1 – Tela inicial do Excel

Antes de iniciarmos a apresentação das operações básicas, é importante que o leitor conheça a tela principal do *Excel*. A Figura 10.1 mostra os nomes das diversas áreas definidas na tela inicial.

_ Barra de títulos – Apresenta o nome do aplicativo seguido pelo nome do documento aberto. No exemplo aparece: *"Microsoft Excel –* Pasta1*"*, que é o padrão para um novo arquivo. À esquerda do título existe um ícone que, ao ser acionado, apresenta uma janela com algumas opções: Restaurar, Mover, Tamanho, Minimizar, Maximizar e Fechar. Normalmente, quando a tela está ocupando a área total do monitor, as opções que aparecem ativas são: Restaurar, Minimizar e Fechar. Essas opções também estão disponíveis em forma de atalhos na extremidade direita da barra, chamados de **botões de controle da janela**.

_ Barra de *menus* – Como mostrado na Figura 10.1, está localizada imediatamente abaixo da barra de título. Nela se encontram todos os comandos do *Excel*. É composta pelos *menus*: Arquivo, Editar, Exibir, Inserir, Formatar, Ferramentas, Dados, Janela e Ajuda.

_ Barra de ferramentas padrão – Está localizada imediatamente abaixo da barra de *menus*. É formada por atalhos que substituem os comandos existentes nos *menus* específicos.

_ Barra de *status* – Localizada no rodapé da tela principal, esta barra fornece informações atualizadas sobre as células ativas que estão demarcadas.

_ Guias das planilhas – São atalhos para ativar as planilhas. Sempre, ao abrir o *Excel*, aparecem três planilhas. Este é o padrão: Plan1, Plan2 e Plan3. Essas guias podem ser renomeadas a qualquer momento, assim como novas planilhas podem ser criadas ou removidas.

_ Referência da célula ativa – É o local onde é mostrado o endereço da célula ativa. Esse endereço é composto por uma letra, que identifica a coluna, e um número, que representa a linha da célula ativa.

_ Barra de fórmulas – É o local onde é exibida a fórmula utilizada na célula ativa. Essa barra é muito usada durante o desenvolvimento de uma planilha.

_ Barras de rolagem – Utilizadas para movimentar a área de visualização da planilha tanto na direção vertical quanto na horizontal, agilizam o trabalho de posicionamento de fórmulas e textos na tela.

_ Janela do ponto de partida – É aberta toda vez que se cria um novo arquivo. Por meio dessa janela, o usuário pode abrir um documento existente ou criar um documento novo. Nesse local, ele também encontra uma barra de pesquisa para auxiliar em alguma dúvida existente.

[iniciando com as operações básicas]

Após essa breve apresentação das principais áreas da janela principal do *Excel*, já é possível iniciar o trabalho com o aplicativo.

Existem várias formas de **criar um arquivo**. Uma delas consiste em o usuário localizar a pasta em que deseja criar o arquivo, acionar o botão direito do *mouse*, selecionar o *menu* **Novo** e escolher a opção **Planilha do Microsoft Excel**. Com o arquivo criado, basta abrir e começar a trabalhar. Outra maneira de criar um novo arquivo é abrir o *Excel* a partir do *menu* **Iniciar** do *Windows*. Ao ser aberto, já é criado automaticamente um arquivo denominado **Pasta1**.

Um arquivo do *Excel* é chamado **pasta de trabalho**, nome que é resultado de uma analogia com uma pasta para arquivar vários documentos.

Esses documentos são representados pelas planilhas, que compõem uma pasta de trabalho.

O *Excel* permite a inserção de dados de dois tipos distintos: valores constantes e fórmulas. Dentre os valores constantes estão números, textos, datas e horas. Para **inserir constantes** na planilha, o usuário deve ativar (selecionar) a célula desejada e digitar o valor. Para **inserir fórmulas**, ele deve acionar a tecla = e, em seguida, digitar a fórmula. As fórmulas podem ser compostas por números e funções/operadores (ex.: =23*10), por endereços de células e funções/operadores (ex.: =A1/B4) ou, ainda, por uma combinação entre eles (ex.: =A1+43). Para **editar uma célula**, é necessário selecionar a célula correspondente e alterar o valor na barra de fórmulas. Para **excluir o valor de uma célula**, é preciso selecionar esse valor e acionar a tecla ***Delete***.

O usuário pode inserir e remover linhas e colunas das planilhas. Para **inserir uma linha**, ele tem que acionar o seletor da linha no número desejado, abrir o *menu* **Inserir** e escolher a opção **Linhas**. A Figura 10.2 ilustra essa operação.

Para **inserir uma coluna**, o usuário deve acionar o seletor da coluna na letra desejada, abrir o *menu* **Inserir** e escolher a opção **Colunas**. Uma outra forma de **inserir** ou **remover linhas ou colunas** é acionar o botão auxiliar do *mouse* e escolher a opção desejada.

O aplicativo permite a utilização de várias planilhas dentro de uma pasta de trabalho. Para **inserir uma nova planilha**, o usuário deve acionar o *menu* **Inserir** e escolher a opção **Planilha**. Outra forma de executar esse procedimento é clicar com o botão auxiliar do *mouse* sobre uma das guias e selecionar a opção **Inserir**. Será aberta uma caixa de diálogo na qual o usuário deverá escolher a opção **Planilha**. Ao ser criada uma nova planilha na pasta de trabalho, esta aparecerá com o nome **Planx**, em que **x** é o número seqüencial das demais planilhas existentes (ex.: **Plan4**). Para uma planilha ser ativada, é necessário clicar na guia correspondente.

Figura 10.2 – Inserir linhas

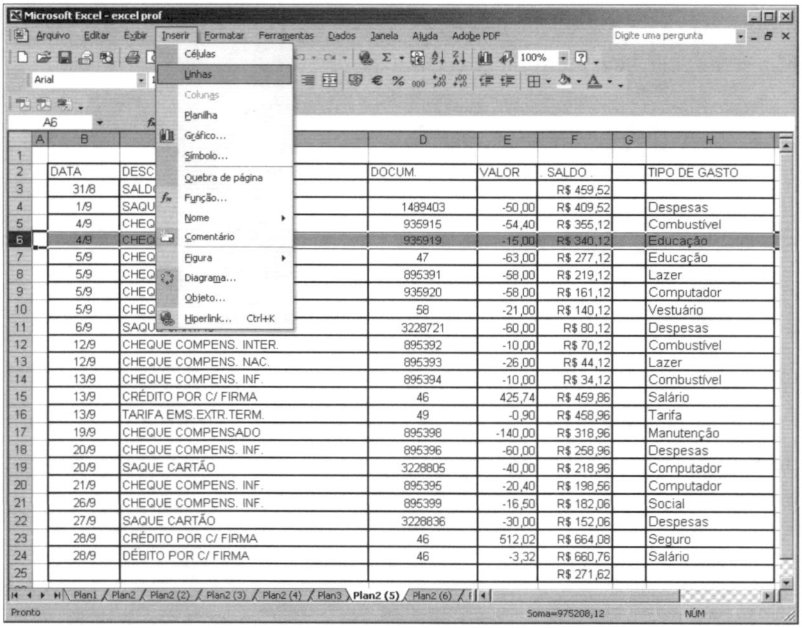

O usuário também pode **renomear uma planilha**. Para isso, ele deve clicar com o botão auxiliar do *mouse* sobre a guia a ser alterada, selecionar a opção **Renomear** e digitar o novo nome. Ao apertar a tecla **Enter** no teclado, a pasta já estará renomeada. Outra maneira de iniciar essa operação é clicar duas vezes sobre a guia a ser alterada.

Ao ser criada uma nova planilha, sua guia é posicionada ao lado esquerdo da guia da planilha ativada no momento da criação. Para **ordenar e**

mover as planilhas, o usuário tem que ativar a planilha cuja posição deseja alterar, acionar o *menu* **Editar** e selecionar o comando **Mover ou copiar planilha** ou, ainda, clicar com o botão auxiliar do *mouse* na guia da planilha que será reposicionada e selecionar o comando **Mover ou copiar**. Em ambos os procedimentos, uma caixa de diálogo será aberta, conforme exemplo mostrado na figura a seguir. Então é necessário selecionar o local desejado e acionar o botão **OK**.

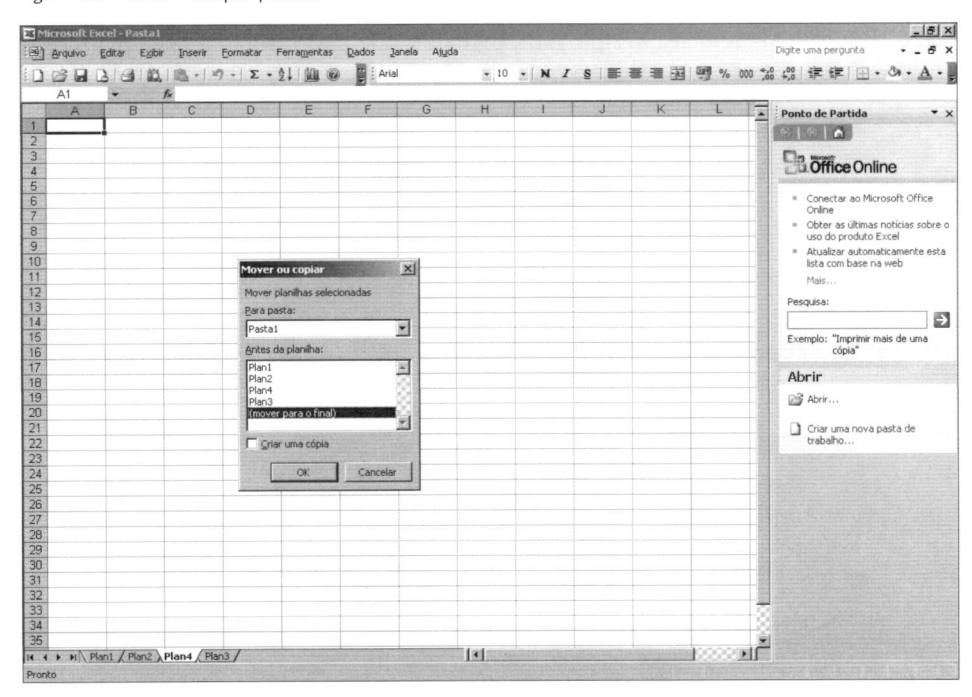

Figura 10.3 – Mover ou copiar planilha

Uma maneira mais simples e rápida de executar essa operação é selecionar a guia que será movida, acionar o *mouse* sobre essa guia mantendo o botão pressionado e arrastar a guia para a nova posição.

Para **copiar uma planilha**, o usuário deve ativar a planilha a ser copiada, acionar o *menu* **Editar** e selecionar o comando **Mover ou copiar planilha** ou ainda clicar com o botão auxiliar do *mouse* na guia da planilha que será copiada e selecionar o comando **Mover ou copiar**. Na caixa de diálogo aberta, ele tem que selecionar o local desejado, acionar a opção **Criar uma cópia** e clicar no botão **OK**. Um atalho eficiente para copiar a planilha é selecionar a guia que será copiada, acionar a tecla **Ctrl** e simultaneamente clicar com o *mouse* sobre essa guia mantendo o botão e a tecla pressionados e arrastar a guia para um espaço vago na barra de guias. Para **excluir uma planilha**, o usuário deve ativar a planilha a ser excluída, acionar o *menu* **Editar** e selecionar o comando **Excluir planilha** ou, ainda, clicar com o botão auxiliar do *mouse* na guia da planilha que será excluída e selecionar comando **Excluir**.

Após a criação de uma planilha, é importante salvar o arquivo. Para **salvar um arquivo** *Excel*, o usuário deve acionar o *menu* **Arquivo** e selecionar o comando **Salvar**. Na primeira vez em que essa rotina for realizada, aparecerá uma caixa de diálogo **Salvar como**. O usuário deve escolher o local para armazenar o arquivo através dessa caixa, digitar o nome e acionar o botão **Salvar**. A partir da segunda vez em que a opção **Salvar** for acionada, o arquivo será atualizado com o mesmo nome. O usuário ainda pode utilizar atalhos para salvar o arquivo: acionar simultaneamente as teclas **Ctrl + B** ou acionar o ícone na barra de ferramentas.

Para **criar uma cópia do arquivo** aberto, o usuário deve repetir o procedimento anterior, selecionando o comando **Salvar como** no *menu* **Arquivo** e digitar um novo nome na caixa de diálogo. O arquivo anterior será preservado, e as novas alterações serão atualizadas somente nesta nova pasta de trabalho.

O *Excel*, assim como os demais aplicativos do *Office*, oferece algumas ferramentas para minimizar perdas, caso ocorram problemas no arquivo. Para **programar as opções de salvamento e proteção**, o leitor pode rever o capítulo 9 – Editor de textos (*Microsoft Word*), pois os comandos são os mesmos.

[trabalhando com fórmulas e funções]

Uma fórmula gera um novo valor a partir da execução da seqüência de funções (operadores) associadas aos valores referenciados.

> Lembre-se:
> Uma fórmula no *Excel* sempre deve ser iniciada com um sinal de igual (=).

No intuito de facilitar a compreensão, apresentamos a seguir uma figura em que consta um exemplo de utilização de fórmulas.

Figura 10.4 – Exemplo de utilização de fórmula no *Excel*

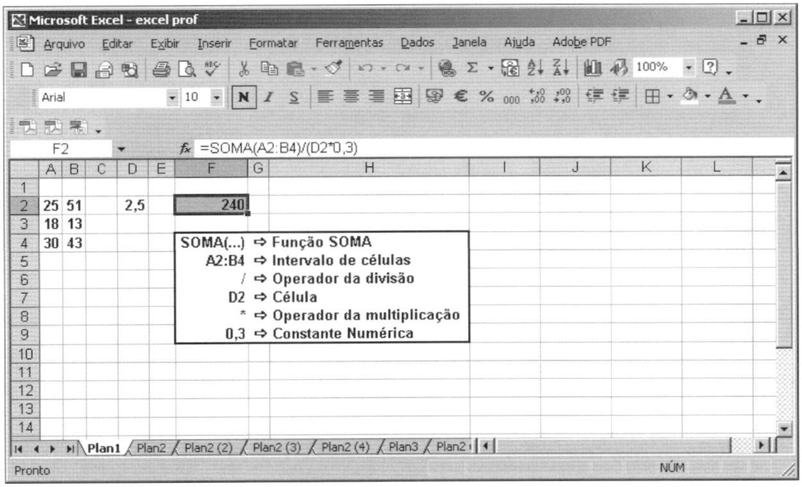

A fórmula demonstrada **=SOMA(A2:B4)/(D2*0,3)** foi adicionada à célula **F2**, como pode ser visualizado na barra de fórmulas da figura. A função **SOMA** gerou a somatória dos valores **25**, **51**, **18**, **13**, **30** e **43** [=**180**]. (**D2*0,3**) fez a multiplicação **2,5 * 0,3** [=**0,75**] e o resultado obtido foi **240**.

Para saber mais sobre os operadores de cálculo do *Excel*, o usuário deve acionar o Assistente do *Office* e digitar operadores de cálculo na caixa de diálogo. O Assistente apresentará todos os tipos de operadores existentes no aplicativo.

Como apresentado no exemplo, uma fórmula pode ser composta por funções. O *Excel* possui uma série de funções pré-formatadas e, para utilizá-las, o usuário deve selecionar a célula e clicar no ícone *fx*, localizado na barra de fórmulas. Será aberta uma caixa de diálogo chamada **Inserir função**. Nela deve ser feita a escolha da categoria da função a ser utilizada, conforme mostrado na Figura 10.5.

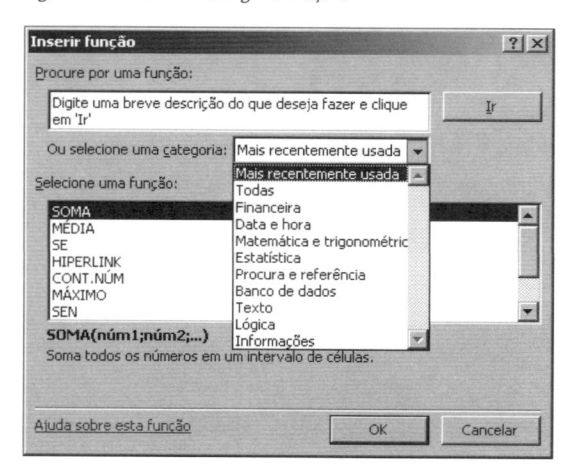

Figura 10.5 – Caixa de diálogo de funções

Ao ser selecionada uma função com um clique, é apresentada uma breve explicação sobre a função e sua sintaxe na parte inferior da caixa de diálogo.

[formatando planilhas]

Objetivando facilitar a compreensão por parte do leitor, criamos um exemplo para explicar este tópico. A planilha a seguir servirá como referência para o estudo.

Figura 10.6 - Exemplo sem formatação

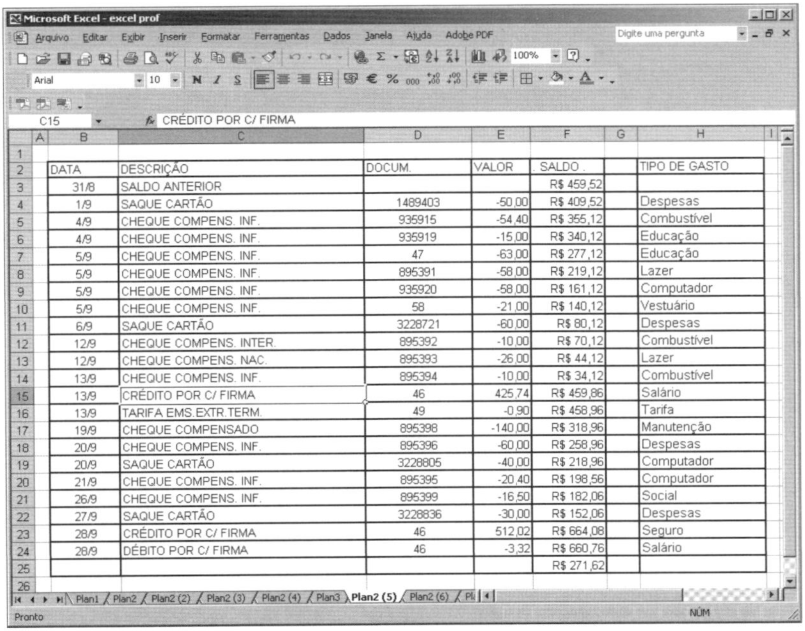

	A	B	C	D	E	F	G	H
1								
2		DATA	DESCRIÇÃO	DOCUM.	VALOR	SALDO		TIPO DE GASTO
3		31/8	SALDO ANTERIOR			R$ 459,52		
4		1/9	SAQUE CARTÃO	1489403	-50,00	R$ 409,52		Despesas
5		4/9	CHEQUE COMPENS. INF.	935915	-54,40	R$ 355,12		Combustível
6		4/9	CHEQUE COMPENS. INF.	935919	-15,00	R$ 340,12		Educação
7		5/9	CHEQUE COMPENS. INF.	47	-63,00	R$ 277,12		Educação
8		5/9	CHEQUE COMPENS. INF.	895391	-58,00	R$ 219,12		Lazer
9		5/9	CHEQUE COMPENS. INF.	935920	-58,00	R$ 161,12		Computador
10		5/9	CHEQUE COMPENS. INF.	58	-21,00	R$ 140,12		Vestuário
11		6/9	SAQUE CARTÃO	3228721	-60,00	R$ 80,12		Despesas
12		12/9	CHEQUE COMPENS. INTER.	895392	-10,00	R$ 70,12		Combustível
13		12/9	CHEQUE COMPENS. NAC.	895393	-26,00	R$ 44,12		Lazer
14		13/9	CHEQUE COMPENS. INF.	895394	-10,00	R$ 34,12		Combustível
15		13/9	CRÉDITO POR C/ FIRMA	46	425,74	R$ 459,86		Salário
16		13/9	TARIFA EMS.EXTR.TERM.	49	-0,90	R$ 458,96		Tarifa
17		19/9	CHEQUE COMPENSADO	895398	-140,00	R$ 318,96		Manutenção
18		20/9	CHEQUE COMPENS. INF.	895396	-60,00	R$ 258,96		Despesas
19		20/9	SAQUE CARTÃO	3228805	-40,00	R$ 218,96		Computador
20		21/9	CHEQUE COMPENS. INF.	895395	-20,40	R$ 198,56		Computador
21		26/9	CHEQUE COMPENS. INF.	895399	-16,50	R$ 182,06		Social
22		27/9	SAQUE CARTÃO	3228836	-30,00	R$ 152,06		Despesas
23		28/9	CRÉDITO POR C/ FIRMA	46	512,02	R$ 664,08		Seguro
24		28/9	DÉBITO POR C/ FIRMA	46	-3,32	R$ 660,76		Salário
25						R$ 271,62		
26								

A figura retrata um mês de movimentação de uma conta corrente do Sr. João da Silva. A primeira formatação a ser trabalhada é a coluna B, referente às datas de movimentação. O usuário deve acionar o seletor da coluna B, clicar com o botão auxiliar do *mouse* sobre a coluna selecionada e escolher a opção **Formatar células**. Na caixa de diálogo, ele tem que acionar a guia **Números**, selecionar a opção **Data** e escolher o formato desejado. A Figura 10.7 mostra essa operação.

Figura 10.7 - Exemplo para formatação de datas

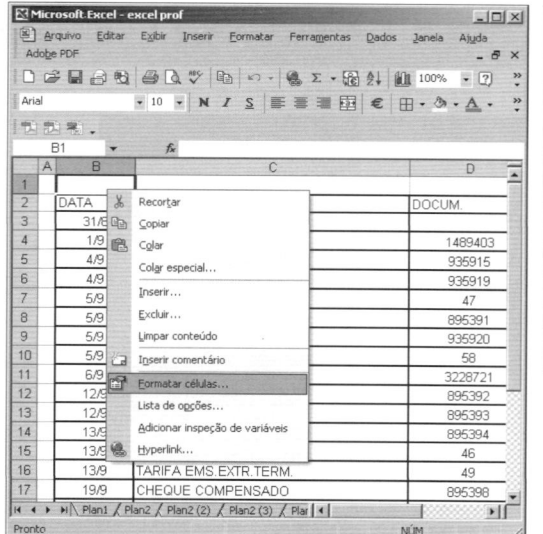

O passo seguinte é **ajustar a largura da coluna C**, referente ao campo **descrição**. O usuário deve posicionar o *mouse* na linha divisória entre o seletor da coluna C e o da coluna D até que o cursor assuma a forma ↔. Em seguida, ele precisa clicar com o botão do *mouse* mantendo-o acionado e arrastar a coluna até o tamanho desejado. Caso queira usar o **auto-ajuste de largura da coluna**, basta clicar duas vezes na linha divisória entre o seletor da coluna C e o da coluna D.

O terceiro passo é **formatar o número do documento** bancário. No exemplo mostrado, a numeração é composta por sete dígitos. O usuário deve acionar o seletor da coluna D, clicar com o botão direito do *mouse* sobre a coluna selecionada e escolher a opção **Formatar células**. Na caixa de diálogo, é necessário acionar a guia **Números**, selecionar a opção **Personalizado** e digitar **0000000**. A Figura 10.8 mostra essa operação.

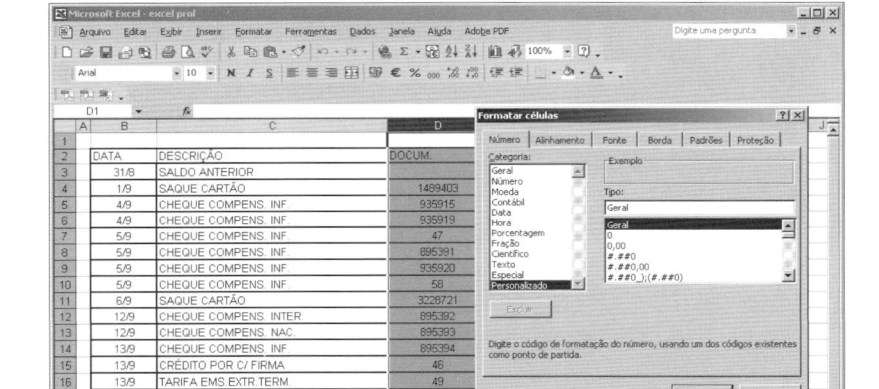

Figura 10.8 – Exemplo para formatação personalizada

A coluna E, referente ao valor da transação, será formatada de acordo com a categoria **Moeda**. O usuário deve acionar o seletor da coluna E, clicar com o botão direito do *mouse* sobre a coluna selecionada e escolher a opção **Formatar células**. Na caixa de diálogo, ele tem que acionar a guia **Números**, selecionar a opção **Moeda**, acionar o símbolo **R$** e selecionar **Números Negativos** em vermelho.

Para **copiar a formatação da coluna E para a coluna F**, que também utiliza a categoria **Moeda**, o usuário deve acionar o seletor da coluna E, clicar no botão pincel (🖌) e, em seguida, acionar o seletor da coluna F. Por fim, deve ajustar a largura da coluna conforme sua preferência.

É necessário marcar a coluna H para **alterar a fonte** dos tipos de gastos. Para isso, o usuário deve acionar o seletor da coluna H, clicar com o botão direito do *mouse* sobre a coluna selecionada e escolher a opção **Formatar células**. Na caixa de diálogo, é necessário acionar a guia **Fonte** e selecionar, por exemplo, as opções **Arial**, **Itálico**, **10**, **Azul**.

Figura 10.9 – Exemplo de planilha em formatação

	A	B	C	D	E	F	G	H	I
1									
2		**DATA**	**DESCRIÇÃO**	**DOCUM.**	**VALOR**	**. SALDO .**		**TIPO DE GASTO**	
3		31-ago	SALDO ANTERIOR			R$ 459,52			
4		1-set	SAQUE CARTÃO	1489403	R$ 50,00	R$ 409,52		Despesas	
5		4-set	CHEQUE COMPENS. INF.	0935915	R$ 54,40	R$ 355,12		Combustível	
6		4-set	CHEQUE COMPENS. INF.	0935919	R$ 15,00	R$ 340,12		Educação	
7		5-set	CHEQUE COMPENS. INF.	0000047	R$ 63,00	R$ 277,12		Educação	
8		5-set	CHEQUE COMPENS. INF.	0895391	R$ 58,00	R$ 219,12		Lazer	
9		5-set	CHEQUE COMPENS. INF.	0935920	R$ 58,00	R$ 161,12		Computador	
10		5-set	CHEQUE COMPENS. INF.	0000058	R$ 21,00	R$ 140,12		Vestuário	
11		6-set	SAQUE CARTÃO	3228721	R$ 60,00	R$ 80,12		Despesas	
12		12-set	CHEQUE COMPENS. INTER.	0895392	R$ 10,00	R$ 70,12		Combustível	
13		12-set	CHEQUE COMPENS. NAC.	0895393	R$ 26,00	R$ 44,12		Lazer	
14		13-set	CHEQUE COMPENS. INF.	0895394	R$ 10,00	R$ 34,12		Combustível	
15		13-set	CRÉDITO POR C/ FIRMA	0000046	R$ 425,74	R$ 459,86		Salário	
16		13-set	TARIFA EMS.EXTR.TERM.	0000049	R$ 0,90	R$ 458,96		Tarifa	
17		19-set	CHEQUE COMPENSADO	0895398	R$ 140,00	R$ 318,96		Manutenção	
18		20-set	CHEQUE COMPENS. INF.	0895396	R$ 60,00	R$ 258,96		Despesas	
19		20-set	SAQUE CARTÃO	3228805	R$ 40,00	R$ 218,96		Computador	
20		21-set	CHEQUE COMPENS. INF.	0895395	R$ 20,40	R$ 198,56		Computador	
21		26-set	CHEQUE COMPENS. INF.	0895399	R$ 16,50	R$ 182,06		Social	
22		27-set	SAQUE CARTÃO	3228836	R$ 30,00	R$ 152,06		Despesas	
23		28-set	CRÉDITO POR C/ FIRMA	0000046	R$ 512,02	R$ 664,08		Seguro	
24		28-set	DÉBITO POR C/ FIRMA	0000046	R$ 3,32	R$ 660,76		Salário	
25						**R$ 271,62**			

Para **formatar os títulos das colunas**, o usuário deve selecionar o intervalo de células **B2:H2** clicando na célula **B2** e arrastando até **H2**, clicar com o botão direito do *mouse* sobre a região demarcada e escolher a opção **Formatar células**. Na caixa de diálogo, ele tem que acionar a guia **Fonte** e selecionar as opções **Arial Narrow**, **Negrito**, **10**, **Azul escuro**. Antes de clicar no botão **OK**, é necessário acionar a guia **Alinhamento** e selecionar alinhamento horizontal **Centro**. Ainda antes de fechar, é preciso acionar a guia **Padrões**, escolher um fundo amarelo claro e clicar no botão **OK** para ver as modificações.

A Figura 10.10 mostra o próximo estágio da operação.

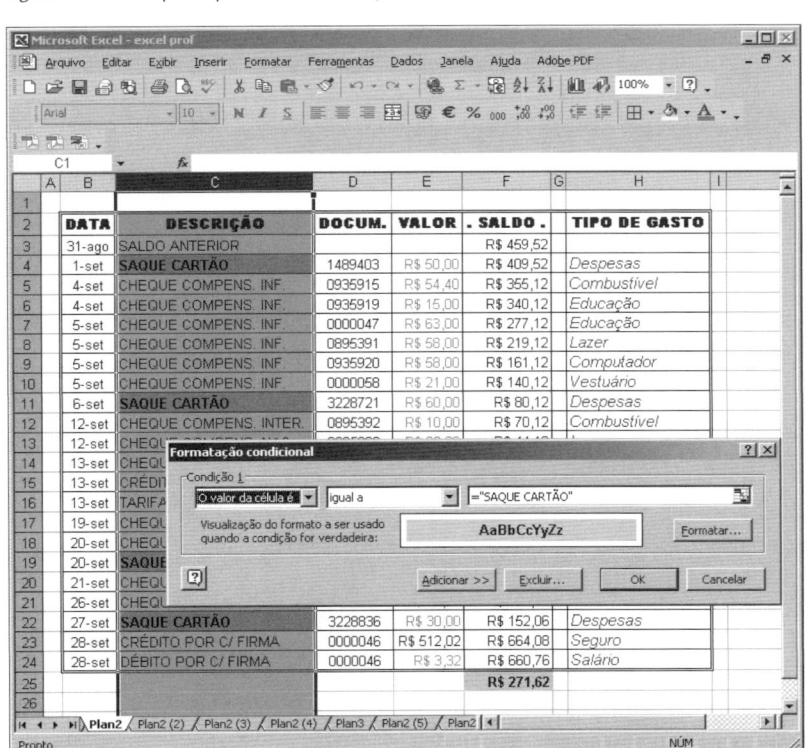

Figura 10.10 - Exemplo de planilha em formatação condicional

Buscando facilitar o controle da movimentação, o Sr. João deseja destacar com cor de fundo diferente associado à fonte em negrito quando a operação for relativa ao saque com cartão. Para isso, será utilizado o recurso de **formatação condicional** no campo **descrição**. O usuário deve acionar o seletor da coluna C, clicar no *menu* **Formatar** da barra de *menus* e selecionar a opção **Formatação condicional**. Na caixa de diálogo, é necessário selecionar as opções **O valor da célula é**; **igual a**; **="SAQUE CARTÃO"** e, em seguida, clicar no botão **Formatar**, escolher uma cor para destacar o campo e definir a fonte como **Negrito**, **tachado**.

O resultado final da formatação do exemplo trabalhado está representado na Figura 10.11.

Figura 10.11 – Exemplo de planilha com formatação finalizada

	A	B	C	D	E	F	G	H	I
1									
2		**DATA**	**DESCRIÇÃO**	**DOCUM.**	**VALOR**	**. SALDO .**		**TIPO DE GASTO**	
3		31-ago	SALDO ANTERIOR			R$ 459,52			
4		1-set	SAQUE CARTÃO	1489403	R$ 50,00	R$ 409,52		*Despesas*	
5		4-set	CHEQUE COMPENS. INF.	0935915	R$ 54,40	R$ 355,12		*Combustível*	
6		4-set	CHEQUE COMPENS. INF.	0935919	R$ 15,00	R$ 340,12		*Educação*	
7		5-set	CHEQUE COMPENS. INF.	0000047	R$ 63,00	R$ 277,12		*Educação*	
8		5-set	CHEQUE COMPENS. INF.	0895391	R$ 58,00	R$ 219,12		*Lazer*	
9		5-set	CHEQUE COMPENS. INF.	0935920	R$ 58,00	R$ 161,12		*Computador*	
10		5-set	CHEQUE COMPENS. INF.	0000058	R$ 21,00	R$ 140,12		*Vestuário*	
11		6-set	SAQUE CARTÃO	3228721	R$ 60,00	R$ 80,12		*Despesas*	
12		12-set	CHEQUE COMPENS. INTER.	0895392	R$ 10,00	R$ 70,12		*Combustível*	
13		12-set	CHEQUE COMPENS. NAC.	0895393	R$ 26,00	R$ 44,12		*Lazer*	
14		13-set	CHEQUE COMPENS. INF.	0895394	R$ 10,00	R$ 34,12		*Combustível*	
15		13-set	CRÉDITO POR C/ FIRMA	0000046	R$ 425,74	R$ 459,86		*Salário*	
16		13-set	TARIFA EMS.EXTR.TERM.	0000049	R$ 0,90	R$ 458,96		*Tarifa*	
17		19-set	CHEQUE COMPENSADO	0895398	R$ 140,00	R$ 318,96		*Manutenção*	
18		20-set	CHEQUE COMPENS. INF.	0895396	R$ 60,00	R$ 258,96		*Despesas*	
19		20-set	SAQUE CARTÃO	3228805	R$ 40,00	R$ 218,96		*Computador*	
20		21-set	CHEQUE COMPENS. INF.	0895395	R$ 20,40	R$ 198,56		*Computador*	
21		26-set	CHEQUE COMPENS. INF.	0895399	R$ 16,50	R$ 182,06		*Social*	
22		27-set	SAQUE CARTÃO	3228836	R$ 30,00	R$ 152,06		*Despesas*	
23		28-set	CRÉDITO POR C/ FIRMA	0000046	R$ 512,02	R$ 664,08		*Seguro*	
24		28-set	DÉBITO POR C/ FIRMA	0000046	R$ 3,32	R$ 660,76		*Salário*	
25						R$ 271,62			
26									

Para finalizar, o usuário deve selecionar o intervalo **B2:H24**, clicar com o botão direito do *mouse* sobre a área selecionada e escolher a opção **Formatar células**. Na caixa de diálogo, ele tem que acionar a guia **Bordas**, clicar no botão **Interna**, selecionar como estilo o último elemento do lado esquerdo, clicar no botão **Contorno** e selecionar a linha dupla, último elemento do lado direito. É necessário ainda selecionar a célula **F25**, clicar no botão **N**, localizado na barra de ferramentas, e no botão, selecionando uma cor de destaque. A formatação da planilha já está concluída.

[organizando dados]

Para abordar a questão de organização dos dados, utilizaremos algumas informações do exemplo anterior. A Figura 10.12 mostra a nova condição.

Figura 10.12 – Exemplo 2 de planilha, modelo inicial

	A	B	C	D	E	F	G	H	I	J
1										
2			**TIPO DE MOVIM.**	**VALOR**	**DATA**					
3			Despesas	R$ 50,00	1-set					
4			Combustível	R$ 54,40	4-set					
5			Educação	R$ 15,00	4-set					
6			Educação	R$ 63,00	5-set					
7			Lazer	R$ 58,00	5-set					
8			Computador	R$ 58,00	5-set					
9			Vestuário	R$ 21,00	5-set					
10			Despesas	R$ 60,00	6-set					
11			Combustível	R$ 10,00	12-set					
12			Lazer	R$ 26,00	12-set					
13			Combustível	R$ 10,00	13-set					
14			Salário	R$ 425,74	13-set					
15			Tarifa	R$ 0,90	13-set					
16			Manutenção	R$ 140,00	19-set					
17			Despesas	R$ 60,00	20-set					
18			Computador	R$ 40,00	20-set					
19			Computador	R$ 20,40	21-set					
20			Social	R$ 16,50	26-set					
21			Despesas	R$ 30,00	27-set					
22			Seguro	R$ 512,02	28-set					
23			Salário	R$ 3,32	28-set					
24										

O usuário deve selecionar o intervalo **C3:E23**, acionar o *menu* **Dados**, selecionar a opção **Classificar** e escolher a opção **tipo de movim./crescente**. Em seguida, ele deve acionar o seletor da linha 23, acionar o botão direito do *mouse* e escolher a opção **Inserir**. É preciso repetir esse procedimento nesta ordem de linhas: **22, 21, 20, 18, 17, 15, 13, 9** e **6**.

Na seqüência, é necessário selecionar o intervalo **C18:E33** e arrastar com o *mouse* até a célula **H3**; depois é preciso selecionar o intervalo **C2: E2**, digitar simultaneamente as teclas **Ctrl + C**, ativar a célula **H2** e digitar simultaneamente as teclas **Ctrl + V**. O usuário deve também acionar os seletores das colunas H, I e J e dar um duplo clique na linha divisória dos seletores das colunas H e I para ajustar a largura das colunas.

Ele deve ainda selecionar a célula **F5**, digitar **=SOMA(D3:D5)** e teclar **Enter**. Esse procedimento gera o somatório do item **Combustível**. Então é preciso executar os totais de todos os tipos de movimentação, gerando um fundo de cor diferenciada para totais positivos e negativos, aplicar **Negrito** aos totais e formatar as bordas da planilha. O resultado obtido deve ser similar ao da figura a seguir.

Figura 10.13 – Exemplo 2 de planilha, modelo final

	B	C	D	E	F	G	H	I	J	K	L
1											
2		TIPO DE MOVIM.	VALOR	DATA			TIPO DE MOVIM.	VALOR	DATA		
3		Combustível	R$ 15,00	4-set			Lazer	R$ 58,00	5-set		
4		Combustível	R$ 10,00	12-set			Lazer	R$ 26,00	12-set	R$ 84,00	
5		Combustível	R$ 10,00	13-set	R$ 35,00						
6							Manutenção	R$ 140,00	19-set	R$ 140,00	
7		Computador	R$ 58,00	5-set							
8		Computador	R$ 60,00	20-set			Salário	R$ 425,74	13-set		
9		Computador	R$ 20,40	21-set	R$ 138,40		Salário	R$ 512,02	28-set	**R$ 937,76**	
10											
11		Despesas	R$ 50,00	1-set			Seguro	R$ 3,32	28-set	R$ 3,32	
12		Despesas	R$ 60,00	6-set							
13		Despesas	R$ 40,00	20-set			Social	R$ 16,50	26-set	R$ 16,50	
14		Despesas	R$ 30,00	27-set	R$ 180,00						
15							Tarifa	R$ 0,90	13-set	R$ 0,90	
16		Educação	R$ 54,40	4-set							
17		Educação	R$ 21,00	5-set	R$ 75,40		Vestuário	R$ 63,00	5-set	R$ 63,00	
18											
19											
20											
21											
22											
23											

Outro recurso oferecido pelo *Excel* para organização de dados é a função **Autofiltro**. Essa ferramenta torna-se importante quando o usuário trabalha com muitos dados e precisa separá-los para melhor visualização. Aqui empregaremos uma variante dos exercícios anteriores para demonstrar sua utilização. A Figura 10.14 apresenta a condição inicial.

Figura 10.14 – Exemplo 3 de planilha, modelo inicial

	A	B	C	D	E	F	G
1							
2		**DATA**	**DESCRIÇÃO**	**DOCUM.**	**VALOR**	**TIPO DE GASTO**	
3		31-ago	SALDO ANTERIOR				
4		1-set	**SAQUE CARTÃO BDN**	1489403	R$ 50,00	*Despesas*	
5		4-set	CHEQUE COMPENSADO	0935915	R$ 54,40	*Combustível*	
6		4-set	CHEQUE COMPENSADO	0935919	R$ 15,00	*Educação*	
7		5-set	CHEQUE COMPENSADO	0000047	R$ 63,00	*Educação*	
8		5-set	CHEQUE COMPENSADO	0895391	R$ 58,00	*Lazer*	
9		5-set	CHEQUE COMPENSADO	0935920	R$ 58,00	*Computador*	
10		5-set	CHEQUE COMPENSADO	0000058	R$ 21,00	*Vestuário*	
11		6-set	**SAQUE CARTÃO BDN**	3228721	R$ 60,00	*Despesas*	
12		12-set	CHEQUE COMPENSADO	0895392	R$ 10,00	*Combustível*	
13		12-set	CHEQUE COMPENSADO	0895393	R$ 26,00	*Lazer*	
14		13-set	CHEQUE COMPENSADO	0895394	R$ 10,00	*Combustível*	
15		13-set	CRÉDITO POR C/ FIRMA	0000046	R$ 425,74	*Salário*	
16		13-set	TARIFA EMS.EXTR.TERM.	0000049	R$ 0,90	*Tarifa*	
17		19-set	CHEQUE COMPENSADO	0895398	R$ 140,00	*Manutenção*	
18		20-set	CHEQUE COMPENSADO	0895396	R$ 60,00	*Despesas*	
19		20-set	**SAQUE CARTÃO BDN**	3228805	R$ 40,00	*Computador*	
20		21-set	CHEQUE COMPENSADO	0895395	R$ 20,40	*Computador*	
21		26-set	CHEQUE COMPENSADO	0895399	R$ 16,50	*Social*	
22		27-set	**SAQUE CARTÃO BDN**	3228836	R$ 30,00	*Despesas*	
23		28-set	CRÉDITO POR C/ FIRMA	0000046	R$ 512,02	*Seguro*	
24		28-set	DÉBITO POR C/ FIRMA	0000046	R$ 3,32	*Salário*	
25							

Para **aplicar Autofiltro às colunas**, o usuário deve selecionar o intervalo **B2:F2**, referente aos títulos da coluna, acionar o *menu* **Dados**, escolher a opção **Filtrar** e, em seguida, selecionar o item **Autofiltro**. Automaticamente será introduzida uma caixa de opções de filtro e classificação para cada título. Nas figuras a seguir, apresentaremos uma tela com um dos *menus* abertos e outra com o resultado de um filtro aplicado. O filtro escolhido para esses exemplos foi **Tipo de gasto – combustível**.

Figura 10.15 – Exemplo 3 de planilha, modelo final

	A	B	C	D	E	F	G
1							
2		DAT	DESCRIÇÃO	DOCU	VALO	TIPO DE GAST	
3		31-ago	SALDO ANTERIOR		(Tudo)		
4		1-set	**SAQUE CARTÃO BDN**	1489403	(10 Primeiros...) (Personalizar...)		
5		4-set	CHEQUE COMPENSADO	0935915		Combustível	
6		4-set	CHEQUE COMPENSADO	0935919		Computador Despesas	
7		5-set	CHEQUE COMPENSADO	0000047		Educação	
8		5-set	CHEQUE COMPENSADO	0895391		Lazer Manutenção	
9		5-set	CHEQUE COMPENSADO	0935920		Salário	
10		5-set	CHEQUE COMPENSADO	0000058		Seguro Social	
11		6-set	**SAQUE CARTÃO BDN**	3228721		Tarifa	
12		12-set	CHEQUE COMPENSADO	0895392		Vestuário (Vazias)	
13		12-set	CHEQUE COMPENSADO	0895393		(NãoVazias)	
14		13-set	CHEQUE COMPENSADO	0895394	R$ 10,00	Combustível	
15		13-set	CRÉDITO POR C/ FIRMA	0000046	R$ 425,74	Salário	
16		13-set	TARIFA EMS.EXTR.TERM.	0000049	R$ 0,90	Tarifa	
17		19-set	CHEQUE COMPENSADO	0895398	R$ 140,00	Manutenção	
18		20-set	CHEQUE COMPENSADO	0895396	R$ 60,00	Despesas	
19		20-set	**SAQUE CARTÃO BDN**	3228805	R$ 40,00	Computador	
20		21-set	CHEQUE COMPENSADO	0895395	R$ 20,40	Computador	
21		26-set	CHEQUE COMPENSADO	0895399	R$ 16,50	Social	
22		27-set	**SAQUE CARTÃO BDN**	3228836	R$ 30,00	Despesas	
23		28-set	CRÉDITO POR C/ FIRMA	0000046	R$ 512,02	Seguro	
24		28-set	DÉBITO POR C/ FIRMA	0000046	R$ 3,32	Salário	
25							

Figura 10.16 – Exemplo 3 com filtro aplicado

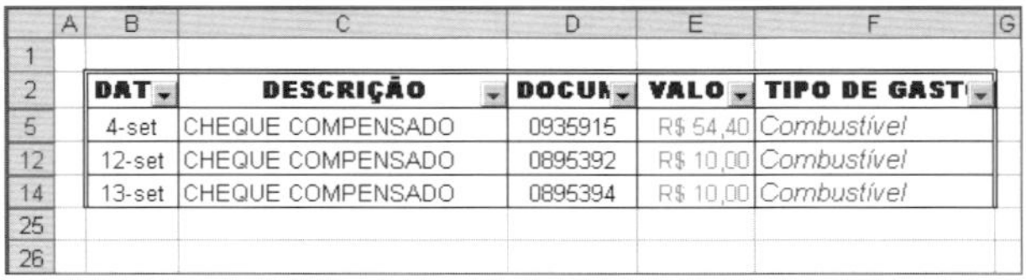

	A	B	C	D	E	F	G
1							
2		DAT	DESCRIÇÃO	DOCU	VALO	TIPO DE GAST	
5		4-set	CHEQUE COMPENSADO	0935915	R$ 54,40	Combustível	
12		12-set	CHEQUE COMPENSADO	0895392	R$ 10,00	Combustível	
14		13-set	CHEQUE COMPENSADO	0895394	R$ 10,00	Combustível	
25							
26							

[utilizando gráficos]

O *Excel* dispõe de várias opções de gráficos. Para demonstrar o caminho para sua utilização, daremos continuação ao exemplo trabalhado nos itens anteriores. Para **gerar gráficos**, é preciso preparar uma tabela de dados, que dá origem ao gráfico a ser elaborado.

Tabela 10.1 – Exemplo de tabela de dados

Tipo de Gastos	Valores
Combustível	R$ 35,00
Computador	R$ 138,40
Despesa	R$ 180,00
Educação	R$ 75,40
Lazer	R$ 84,00
Manutenção	R$ 140,00
Seguro	R$ 13,32
Social	R$ 16,50
Tarifa	R$ 5,90
Vestuário	R$ 63,00

Para **inserir gráficos em planilhas**, o usuário deve alimentá-las como no exemplo acima e, após essa operação, acionar o botão [📊], localizado na barra de ferramentas padrão, e escolher o tipo de gráfico a ser usado na caixa de diálogo do Assistente de gráfico.

Figura 10.17 – Assistente de gráfico

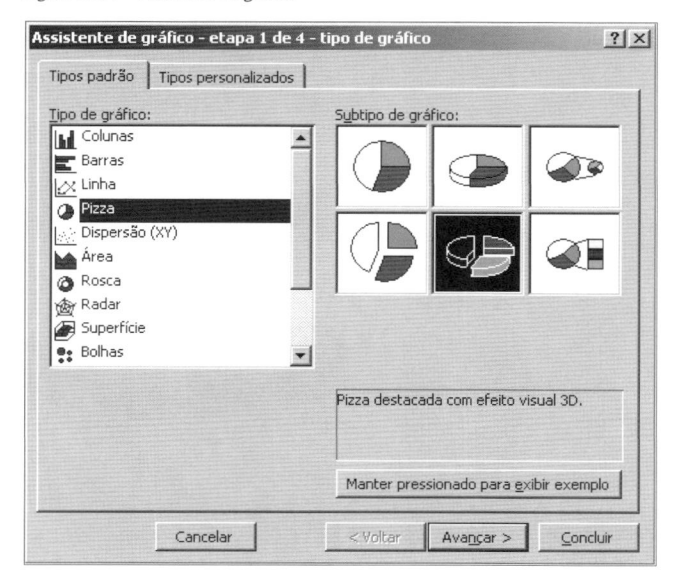

Para o exemplo, foi escolhido o gráfico **tipo *Pizza*** em três dimensões. Depois da escolha, o usuário deve acionar o botão **Avançar** e passar para a etapa 2, em que deve determinar o intervalo de origem, especificando se estão dispostos em linhas ou colunas, acionar o botão **Avançar** e passar para a etapa 3. Então ele deve inserir o título do gráfico, determinar a posição da legenda, escolher o conteúdo do rótulo e clicar em **Avançar**. A etapa 4 solicita que o usuário informe se o gráfico deve ser gerado na planilha que contém os dados de origem ou em outra planilha. Ao concluir esta última etapa, automaticamente será apresentado o resultado, quando é preciso posicioná-lo no local desejado definindo suas dimensões. O gráfico gerado pode ter suas configurações alteradas a qualquer momento.

Para **alterar as configurações do gráfico**, o usuário só tem que acionar o botão direito do *mouse* sobre o elemento que deseja mudar, escolher uma dentre as opções oferecidas e promover a mudança.

Figura 10.18 – Exemplo de gráfico

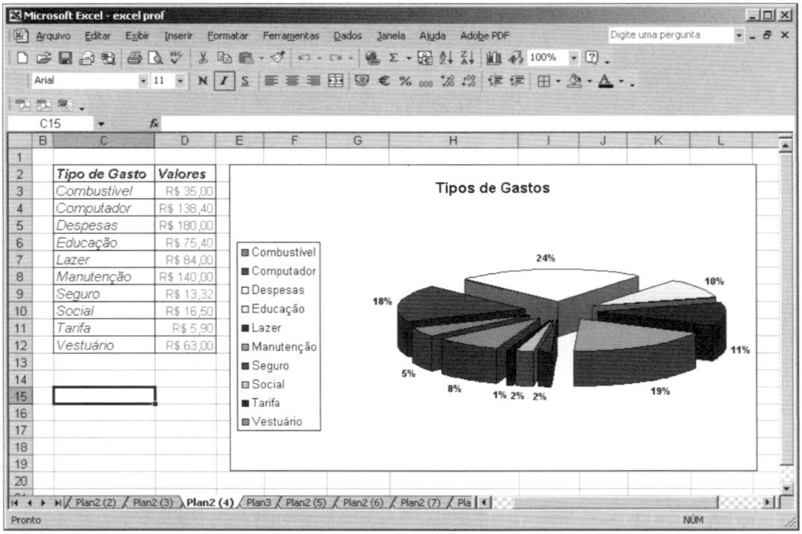

[imprimindo planilhas]

Nas planilhas do *Excel*, o usuário deve **definir a área de impressão** antes de sua execução. Para realizar esse processo, ele deve selecionar a área a ser impressa, acionar o *menu* **Arquivo**, selecionar o item **Área de impressão** e clicar na opção **Definir área de impressão**. A Figura 10.19 mostra essa operação.

Figura 10.19 – Definir área de impressão

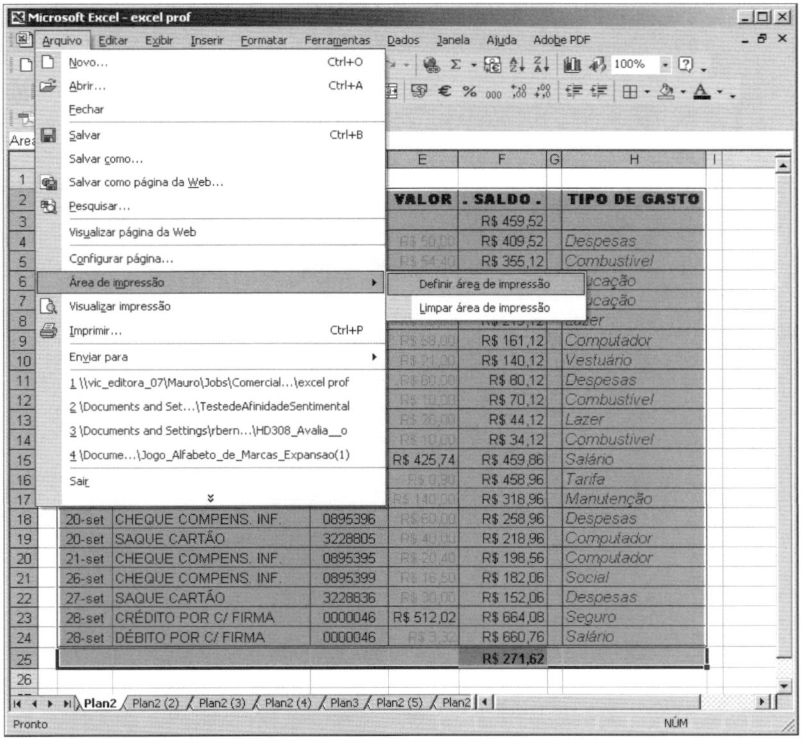

Como nos demais aplicativos do *Office*, é interessante visualizar o material antes de ser impresso. Para isso, o usuário deve acionar o *menu*

Arquivo e selecionar a opção **Visualizar impressão** ou acionar o ícone ![], localizado na barra de ferramentas. Aparecerá uma nova tela que mostrará a disposição das informações da área de impressão. Caso não esteja satisfeito com a forma de disposição das informações, o usuário deve acionar o botão **Configurar** da tela de visualização e promover as alterações necessárias. Para **imprimir**, ele tem que acionar o botão correspondente na tela de visualização, quando aparecerá uma caixa de diálogo em que deve escolher a impressora que realizará esse processo, o intervalo de páginas a serem impressas e o número de cópias que deseja imprimir.

[resumo do capítulo]

Apresentamos uma breve introdução sobre a confecção e a utilização de planilhas eletrônicas do *Excel*, descrevendo alguns dos recursos do aplicativo e dando uma breve explicação sobre a tela principal.

A seguir, demonstramos as principais rotinas de trabalho para a criação e a manutenção de arquivos no *Excel*, inclusive no que se refere à organização de dados, à configuração de gráficos e à impressão de planilhas.

[questões para debate]

1. Qual é a principal função dos seletores de linhas e colunas?

2. Quais são os tipos de constantes usados no *Excel*?

3. Qual é a principal função da barra de fórmulas?

4. Como podemos filtrar informações de uma planilha *Excel*?

5. Quais as opções possíveis quando desejamos inserir gráficos na planilha do *Excel 2003*?

6. O que são as áreas de impressão e qual sua função?

```
0000_1011 = XI
```

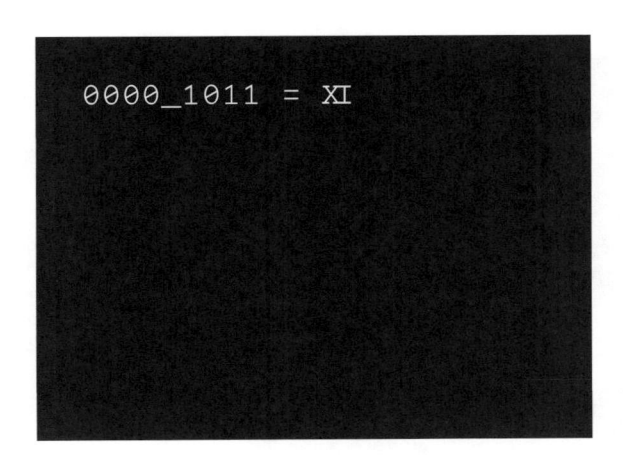

criação_de
apresentações
no_*microsoft
powerpoint_*

Aprender

é a

única

coisa

de que

a mente

nunca

se cansa,

nunca

tem medo

e nunca

se arrepende.

_Leonardo da Vinci

O *Microsoft PowerPoint 2003* é um programa aplicativo criado para o desenvolvimento de tarefas específicas visando auxiliar a criação e a manutenção de apresentações de *slides*.

Com o propósito de facilitar ao leitor a compreensão acerca da utilização desse aplicativo, nosso objeto de estudo neste capítulo, nas páginas seguintes apresentaremos instruções de como trabalhar as apresentações, esclarecendo em detalhes várias questões.

[Atenção:
As informações tratadas neste capítulo se referem ao *PowerPoint*, que compõe o pacote *Microsoft Office 2003*. Caso o leitor esteja utilizando uma versão mais antiga, é possível que alguns dos comandos não se comportem conforme mostraremos aqui.

Ao longo do capítulo, apresentaremos figuras em que aparecem telas do produto *Microsoft*, reproduzidas com permissão da *Microsoft Corporation*.

[introdução ao *Microsoft PowerPoint 2003*]

O *Microsoft PowerPoint 2003* possui uma série de recursos interativos que favorecem a interface entre o usuário e o aplicativo, permitindo a utilização otimizada de suas ferramentas para o desenvolvimento de elementos de textos e recursos gráficos para apresentação de *slides*. Seus comandos são organizados de maneira a facilitar ajustes durante a elaboração das apresentações.

O *PowerPoint*, como os demais aplicativos do *Microsoft Office*, possui um assistente para auxiliar no esclarecimento de dúvidas. Para obter mais informações sobre sua utilização, o leitor pode verificar o capítulo 9 – Editor de textos – *Microsoft Word*.

Figura 11.1 – Tela inicial do *PowerPoint*

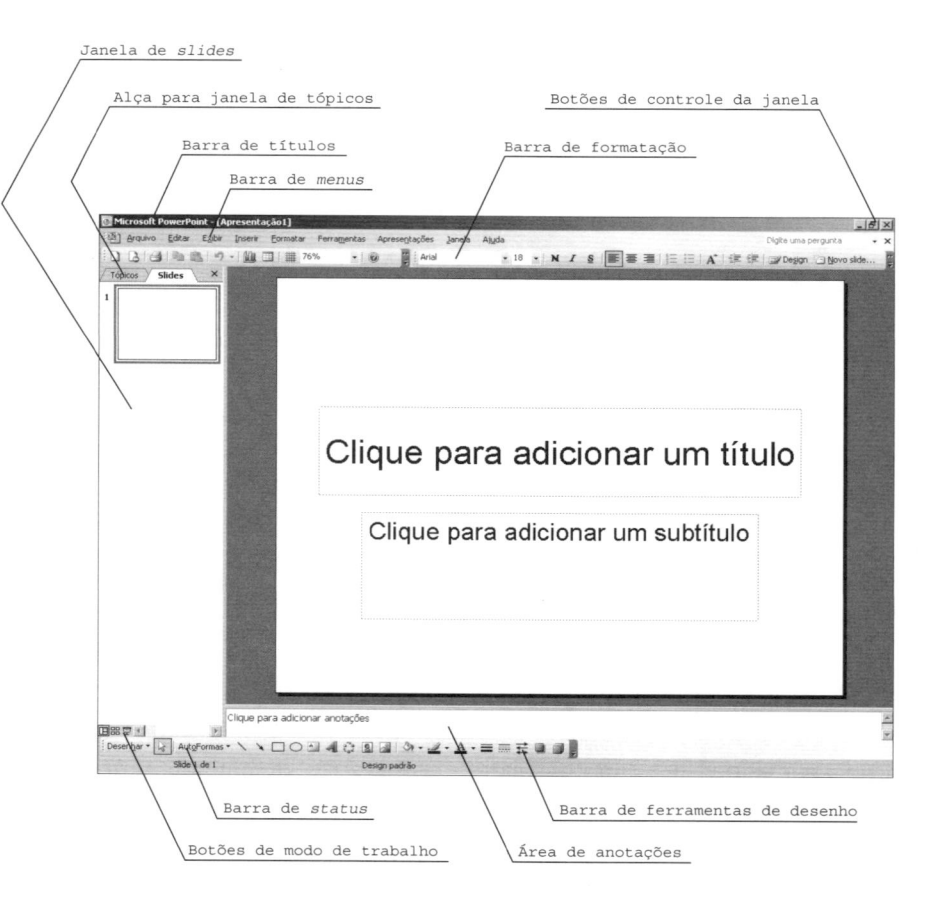

Antes de iniciarmos a apresentação das operações básicas, é importante que o leitor conheça a tela principal do *PowerPoint*. A Figura 11.1 mostra os nomes das diversas áreas definidas na tela inicial.

_ Barra de títulos – Apresenta o nome do aplicativo seguido pelo nome do documento aberto entre colchetes. No exemplo aparece: *"Microsoft PowerPoint – [Apresentação1]"*. Caso se abra um novo documento, aparecerá: *"Microsoft PowerPoint – [Apresentação2]"*. À esquerda do título existe um ícone que, ao ser acionado, apresenta uma janela com algumas opções: Restaurar, Mover, Tamanho, Minimizar, Maximizar e Fechar. Normalmente, quando o usuário está trabalhando com a área total do monitor ocupada pela tela, as opções que aparecem ativas são: Restaurar, Minimizar e Fechar. Essas opções também estão disponíveis em forma de atalhos na extremidade direita da barra, chamados de **botões de controle da janela**.

_ Barra de *menus* – Como mostrado na figura, está situada imediatamente abaixo da barra de título. Nela estão localizados todos os comandos do *PowerPoint*. É composta pelos *menus*: Arquivo, Editar, Exibir, Inserir, Formatar, Ferramentas, Apresentações, Janela e Ajuda.

_ Barra de formatação – Está localizada imediatamente abaixo da barra de *menus*. É formada por atalhos que substituem os comandos existentes nos *menus* específicos.

_ Barra de ferramentas de desenho – Localizada na parte inferior da tela principal do *Word*, fornece uma série de recursos para criação e manipulação de objetos e figuras ou do *clip-art*.

_ Barra de *Status* – Localizada no rodapé da tela principal, fornece informações atualizadas a respeito da apresentação que está sendo trabalhada, como número do *slide* e total de *slides* da apresentação.

Além disso, informa o idioma que está sendo utilizado, bem como o *design* do *slide*.

_ Botões de modo de trabalho – São atalhos para a forma de exibição da área de trabalho. Da esquerda para a direita, respectivamente, encontram-se as seguintes opções: Modo Normal, Modo de classificação de *slides* e Modo de apresentação.

_ Área de trabalho – É o local onde é desenvolvida a apresentação. O conteúdo é exibido no Modo de apresentação.

_ Área de anotações – É o local onde são adicionados alguns comentários a respeito do *slide* que está sendo exibido. O conteúdo aqui adicionado não é exibido no Modo de apresentação.

_ Janelas de *slides* e tópicos – É a área onde aparecem miniaturas de *slides* ou seu conteúdo (respectivamente). Sua função é facilitar a localização de qualquer *slide* existente no arquivo.

[iniciando com as operações básicas]

Após essa breve apresentação das principais áreas da janela principal do *PowerPoint*, podemos iniciar as explicações acerca do uso do aplicativo.

Existem várias formas de **criar uma apresentação**. Na primeira delas, o usuário pode localizar a pasta em que deseja criar a apresentação, acionar o botão direito do *mouse*, selecionar o *menu* **Novo** e escolher a opção **Apresentação do Microsoft PowerPoint**. Com o arquivo criado, basta abrir e começar a trabalhar. Essa operação é mostrada na Figura 11.2.

Outra maneira de criar uma nova apresentação é abrir o *PowerPoint* a partir do *menu* **Iniciar** do *Windows*. Ao ser aberto, já é criada automaticamente uma apresentação denominada **Apresentação1**.

Figura 11.2 – Como criar um arquivo de apresentação

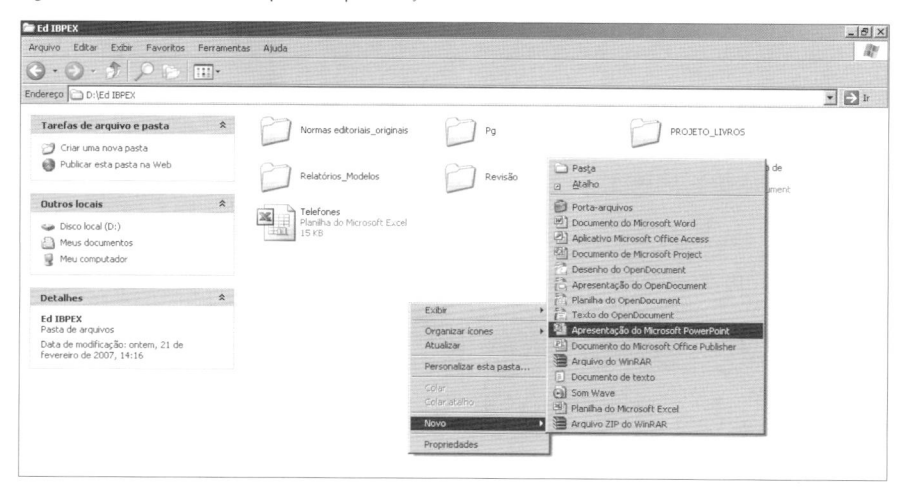

Figura 11.3 – Tela inicial do arquivo *PowerPoint* criado

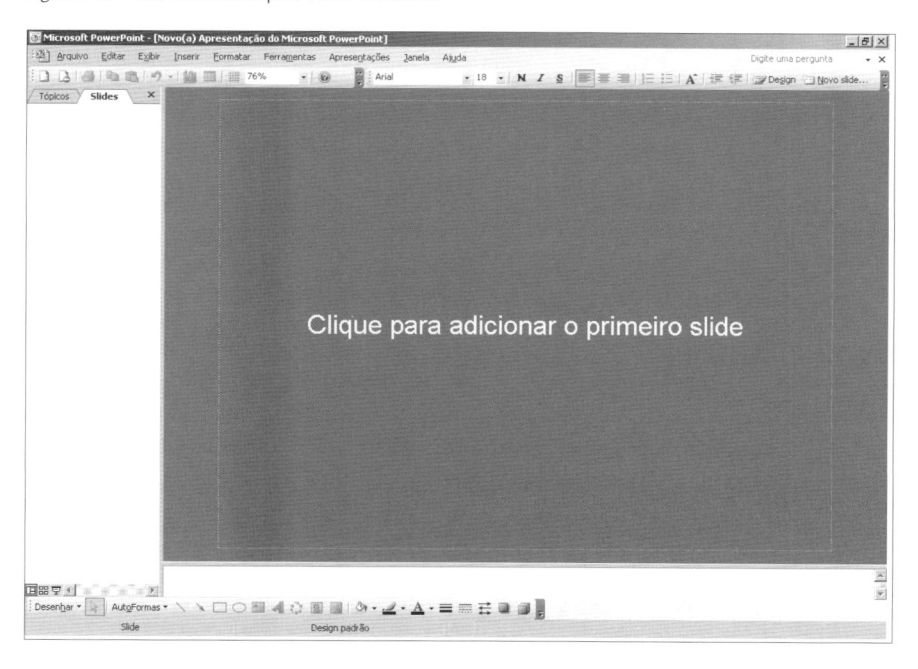

Ao ser aberto o arquivo criado conforme a primeira explicação, a tela se apresenta como mostrado na Figura 11.3.

Ao clicar no local indicado, o usuário verá uma nova área de trabalho com o *menu* **Layout do slide**. Nesse momento, ele deve selecionar o *layout* desejado e acioná-lo. A Figura 11.4 mostra esse *menu*.

Figura 11.4 – Tela de trabalho com *menu* de *layout* acionado

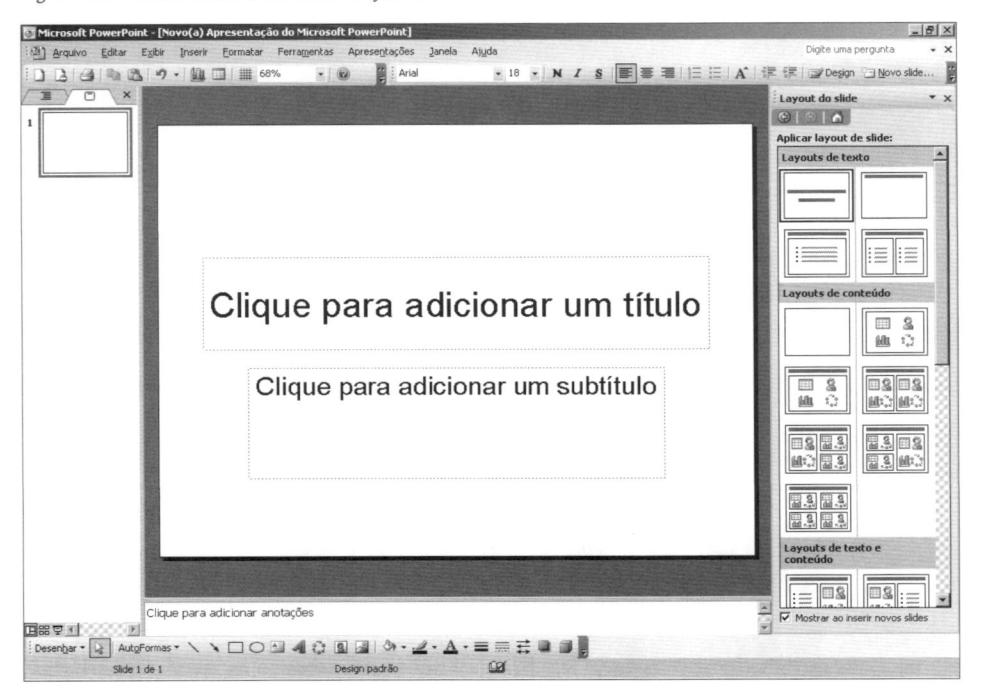

Para **inserir outro slide**, o usuário pode acionar o *menu* **Inserir**, selecionar o comando **Novo slide**, selecionar o novo *layout* desejado e acioná-lo. O usuário pode também utilizar atalhos para inserir um novo *slide*: acionar simultaneamente as teclas **Ctrl + M** ou acionar o ícone ![Novo slide...], localizado na barra de ferramentas.

O *PowerPoint* também apresenta uma grande facilidade para movimentação de telas. Para **movimentar os *slides***, o usuário pode usar a barra de rolagem vertical ou, ainda, selecionar o *slide* a partir da janela de *slides*, localizada no lado esquerdo da tela. Caso seja necessário **alterar a posição do *slide*** (ordem), basta clicar no *slide* a ser reposicionado e arrastá-lo até o ponto desejado.

A partir daqui, já é possível iniciar o trabalho com os textos. Para **inserir o texto** da apresentação, é necessário clicar na caixa de títulos, de subtítulos ou de texto e digitar o trabalho. Caso queira **inserir outros conteúdos** nos *slides*, o usuário precisa mover a barra de rolagem do *menu* de *layout* e escolher a opção desejada. Esse *menu* oferece quatro tipos de modelos distintos: *Layouts* de texto, *Layouts* de conteúdo, *Layouts* de texto e conteúdo e Outros *Layouts*. Utilizando o *Layout* de conteúdo, é possível inserir tabela, gráfico, imagem, diagrama ou clipe. Esses recursos serão melhor trabalhados ao longo do capítulo.

Outra ferramenta interessante é a verificação ortográfica. Para **verificar a ortografia**, o usuário deve acionar o *menu* **Ferramentas** e selecionar o comando **Verificar a ortografia** ou apenas acionar a tecla **F7** do teclado.

Após a elaboração do texto, é importante salvar o documento para não perder o trabalho feito. Para **salvar um arquivo *PowerPoint***, o usuário deve acionar o *menu* **Arquivo** e selecionar o comando **Salvar**. Na primeira vez em que essa rotina for realizada, aparecerá uma caixa de diálogo **Salvar como**. O usuário deve escolher o local para armazenar o arquivo através dessa caixa, digitar o nome e acionar o botão **Salvar**. A partir da segunda vez em que acionar a opção **Salvar**, o arquivo será atualizado com o mesmo nome. O usuário ainda pode utilizar atalhos para salvar o documento: acionar simultaneamente as teclas **Ctrl + B** ou acionar o ícone , localizado na barra de ferramentas.

Para **criar uma cópia do arquivo aberto**, basta repetir o procedimento anterior, selecionando o comando **Salvar como** no *menu* **Arquivo,** e digitar um novo nome na caixa de diálogo. O arquivo anterior será preservado, e as novas alterações serão atualizadas somente nesta nova apresentação.

No intuito de evitar perdas durante a elaboração do documento, por problemas externos como queda de energia, o *PowerPoint*, assim como os demais aplicativos do *Office*, oferece algumas ferramentas, aumentando a confiabilidade do aplicativo. Para programar as **opções de salvamento** e a **proteção de apresentação**, o leitor deve rever o capítulo 9 – Editor de textos – *Microsoft Word*, pois os comandos são os mesmos.

[trabalhando na janela de tópicos]

Uma das formas mais produtivas de preparar apresentações consiste em utilizar a janela de tópicos. Com ela, o usuário se concentra nos textos a serem criados e na ordem de exposição, e a formação e a inserção de outros conteúdos ficam para o final do trabalho. Para **preparar a janela de tópicos**, o procedimento é: (1) fechar o *menu* de *layout* através do botão ⏹, localizado no canto superior direito do *menu*; (2) acionar a alça da janela de tópicos ▭, localizada no canto superior esquerdo; (3) aumentar a largura da janela de tópicos, através da seta de duplo sentido do *mouse*, clicando e arrastando para a direita; (4) clicar com o botão direito do *mouse* sobre a barra de ferramentas e selecionar o *menu* **Estrutura de tópicos**. A Figura 11.5 mostra os locais indicados para o procedimento.

Figura 11. 5 - Pontos de acionamento para janela de tópicos

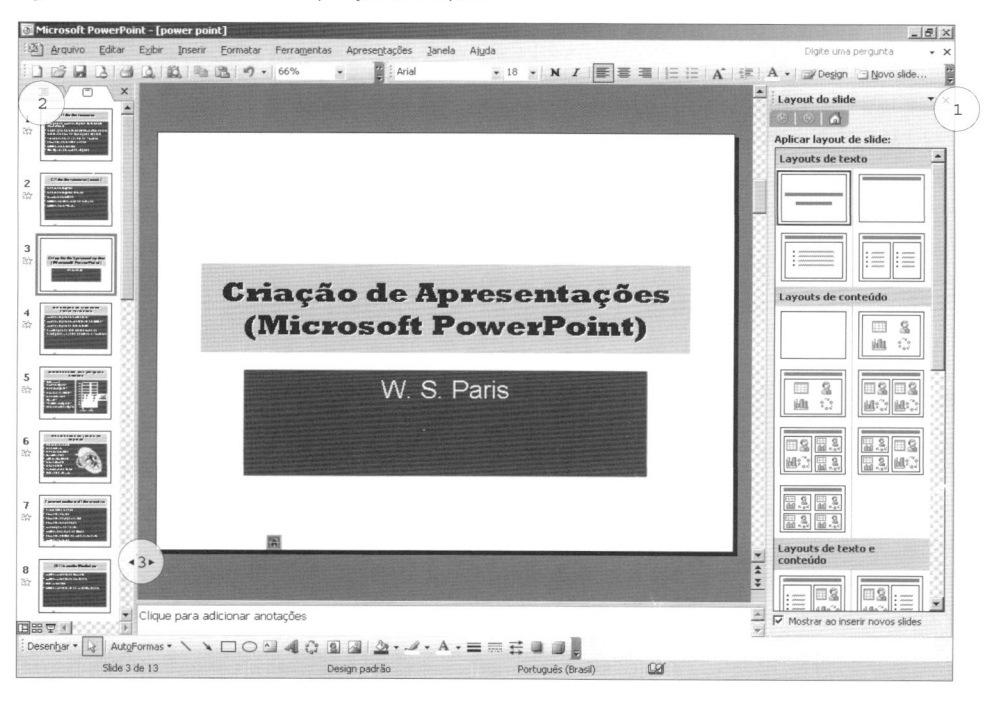

A nova configuração da área de trabalho deve ficar como mostrado na Figura 11.6.

Essa tela permite a manipulação dos textos enquanto o conteúdo dos outros *slides* é visualizado, facilitando a organização das idéias. Para **inserir texto**, o usuário deve utilizar o *slide* reduzido para marcar o local (título ou corpo do texto) e, em seguida, digitar o tópico. Outra opção é copiar os textos de outro aplicativo (*Word*, *Excel*, Bloco de notas etc.) e colá-los no *slide*. Para **inserir novo *slide***, o usuário pode acionar o *menu* **Inserir**, selecionar o comando **Novo *slide***, selecionar o novo *layout* desejado e acioná-lo. O usuário ainda pode valer-se de atalhos para inserir um novo *slide*: deve acionar simultaneamente as teclas

Ctrl + M ou acionar o ícone [Novo slide...], localizado na barra de ferramentas. Existe também a possibilidade de **duplicar slide** acionando o *menu* **Inserir** e selecionando o comando **Duplicar slide**.

Figura 11.6 – Área de trabalho da janela de tópicos

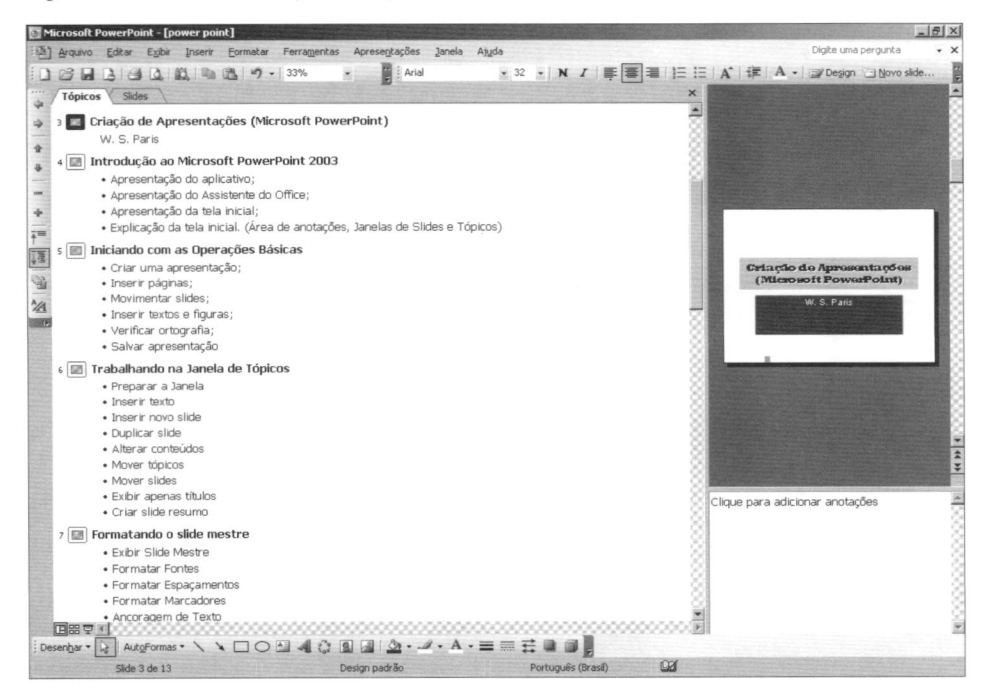

Para o usuário **alterar o texto** de algum *slide*, basta dar um clique duplo na palavra que deseja alterar e digitar a nova palavra. Já explicamos as formas de seleção de textos com o *mouse* no capítulo que trata do *Word*. Quando se faz necessário **mudar a ordem de um tópico ou palavra** dentro do *slide*, é preciso selecionar o texto, clicar sobre ele e arrastá-lo para o novo local ou, ainda, selecionar o tópico e utilizar os botões [↓] [↑] para posicioná-lo no local desejado. Esse mesmo procedimento pode ser empregado para **alterar a ordem do *slide***. Para isso, o usuário deve selecionar o *slide* que deseja mover ³🔲, clicar sobre ele e arrastá-lo para a nova posição ou, ainda, utilizar os botões ⬇ ⬆ para posicioná-lo.

Para ordenar os *slides*, essa tela também apresenta um recurso para **recolher ou expandir tópicos**, o que facilita a visualização de um número maior de *slides*. O usuário deve posicionar o cursor do *mouse* em qualquer lugar do texto, acionar simultaneamente as teclas **Ctrl + T** para marcar todos os *slides*, clicar com o botão direito do *mouse* e escolher a opção **Recolher tópicos** ou **Expandir tópicos**. É possível também utilizar os botões ⬆ ou ⬇, localizados no *menu* **Estrutura de tópicos**.

Figura 11.7 – Criação de *slide* de resumo

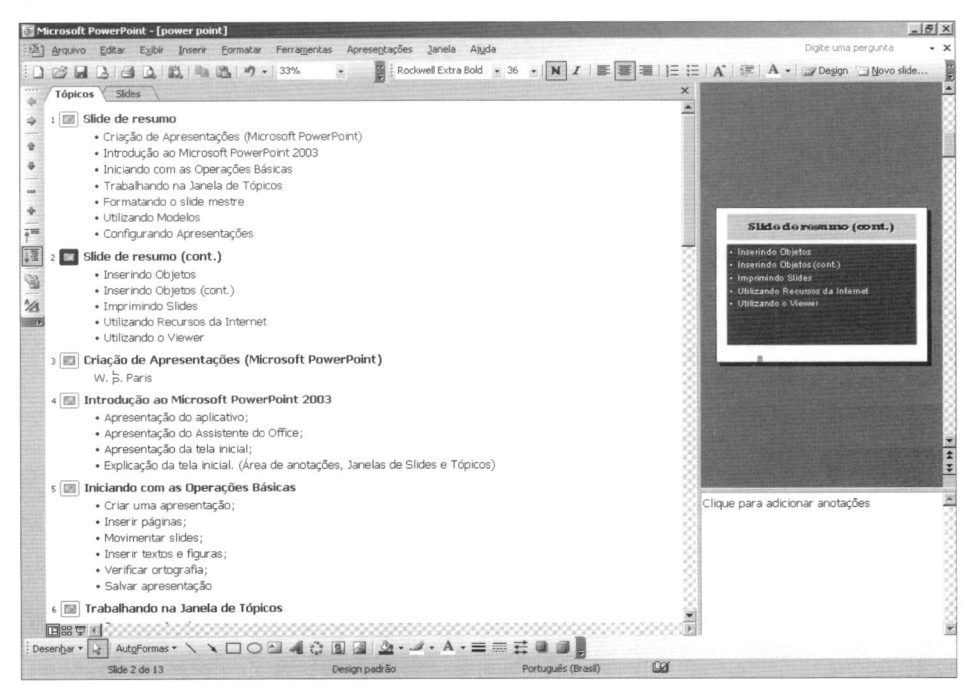

O *PowerPoint* permite a criação de um **slide de resumo**. Para utilizar esse recurso, é necessário posicionar o cursor do *mouse* em qualquer lugar do texto, acionar simultaneamente as teclas **Ctrl + T** para marcar todos os *slides* e clicar no botão **Slide de resumo**, situado na barra de ferramentas de estrutura de tópicos. Ao realizar essa operação, o aplicativo cria um ou mais *slides* contendo todos os títulos da apresentação, como podemos ver no exemplo da Figura 11.7.

[formatando o *slide* mestre]

As configurações padrão dos *slides* são determinadas pelo *slide* mestre. Para **exibir o *slide* mestre** e alterar as configurações de forma, o usuário deve acionar o *menu* **Exibir**, selecionar a opção **Mestre** e acionar o comando **Slide mestre**. A nova tela será apresentada como mostrado na Figura 11.8.

Para **escolher a fonte** a ser utilizada, o usuário deve selecionar a **Área pontilhada*** em que vai efetuar a mudança, clicar no botão direito do *mouse* e acionar a opção **Fonte**. Na caixa de diálogo, ele deve selecionar as opções desejadas, conforme explicado no capítulo 9 – Editor de textos – *Microsoft Word*.

O usuário pode **definir o espaçamento entre linhas** para melhor ocupação e apresentação da tela. Para isso, ele deve selecionar a área de textos, acionar o *menu* **Formatar,** selecionar o comando **Espaçamento entre linhas** e, na caixa de diálogo, definir os parâmetros desejados. Dessa forma, todos os *slides* serão formatados de uma única vez. A Figura 11.9 mostra a caixa de diálogo referente ao espaçamento entre linhas.

---

* Esta área pontilhada é denominada **ancoragem de texto**.

Figura 11.8 - Formatação do *slide* mestre

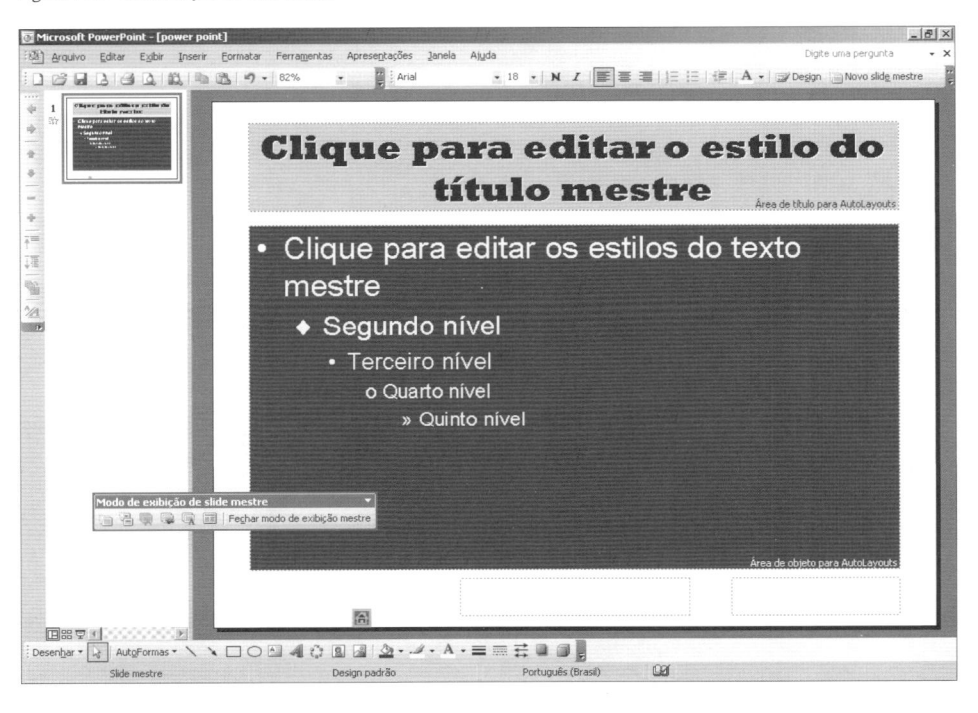

Figura 11.9 - Espaçamento entre linhas

Para **formatar os marcadores**, o usuário deve selecionar o nível do marcador na área de textos, clicar com o botão direito do *mouse* e selecionar o comando **Marcadores e numeração**. Na caixa de diálogo, o usuário define a forma desejada.

Figura 11.10 – Formatação de marcadores

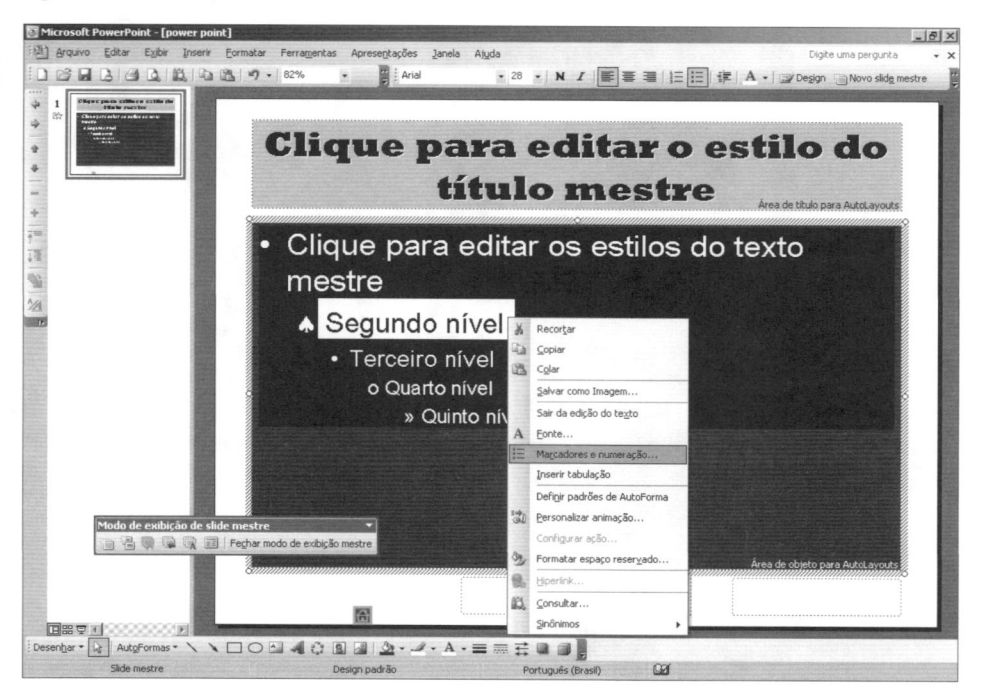

As **áreas de ancoragem de textos** também podem ser alteradas. Ao definir tamanho, forma, cor de fundo e posição, o usuário estabelece uma formatação que vale como padrão para todas as telas.

Para definir **cores**, **efeitos de preenchimento**, **textura** e **fotos**, o usuário deve acionar o *menu* **Formatar** e selecionar a opção **Plano de fundo**. A caixa de diálogo apresenta as opções mostradas na Figura 11.11.

Figura 11.11 – Formatação de plano de fundo

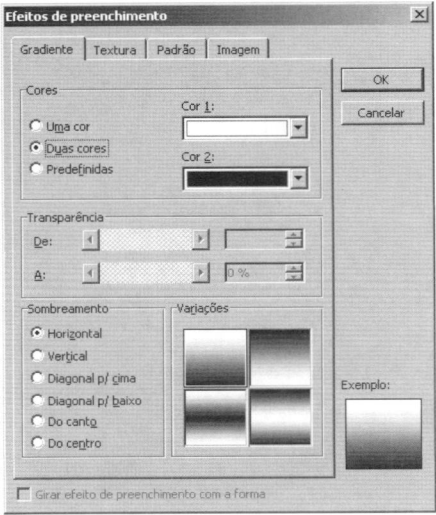

> Atenção:
> Os procedimentos de formatação do *slide* mestre também podem ser aplicados a cada *slide* de forma diferenciada.

[utilizando modelos]

O *PowerPoint* oferece modelos pré-formatados para facilitar o trabalho de formatação das telas. Para **aplicar modelos de *design*** à sua apresentação, o usuário deve acionar o *menu* **Formatar** e selecionar a opção **Design do slide**. Será exibida uma janela de modelos como na Figura 11.12. Então, o usuário deve escolher o modelo, acionar o botão localizado à direita do *slide* desejado e selecionar a opção **Aplicar a todos os *slides*** ou **Aplicar aos *slides* selecionados**, o que também aparece na figura a seguir.

Figura 11.12 – Formatação de plano de fundo

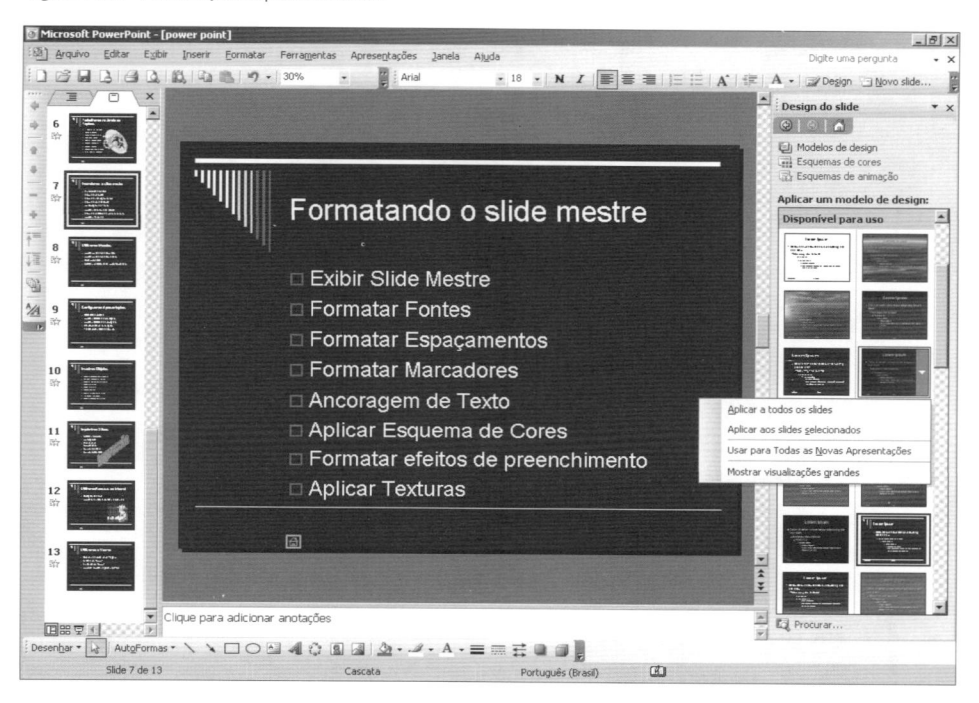

O usuário pode criar seus modelos a partir do *slide* mestre ou de modelos do *PowerPoint*. Para **salvar modelos criados** para serem usados em outras apresentações, o usuário deve acionar o *menu* **Arquivo** e selecionar a opção **Salvar como**. Na guia **Salvar como tipo**, ele tem que selecionar a opção **Modelo de *design***, escolher o nome do arquivo e clicar em **Salvar**, como mostrado na Figura 11.13.

O *PowerPoint* possui um **Assistente de AutoConteúdo**, que pode ser utilizado ao ser criada uma nova apresentação. O usuário deve acionar o *menu* **Arquivo** e selecionar o comando **Novo**, quando será criada uma nova apresentação e será aberta a janela **Nova apresentação**. Então ele deve selecionar a opção **Com base no Assistente de AutoConteúdo** e seguir as instruções do aplicativo.

Figura 11.13 – Salvar modelos

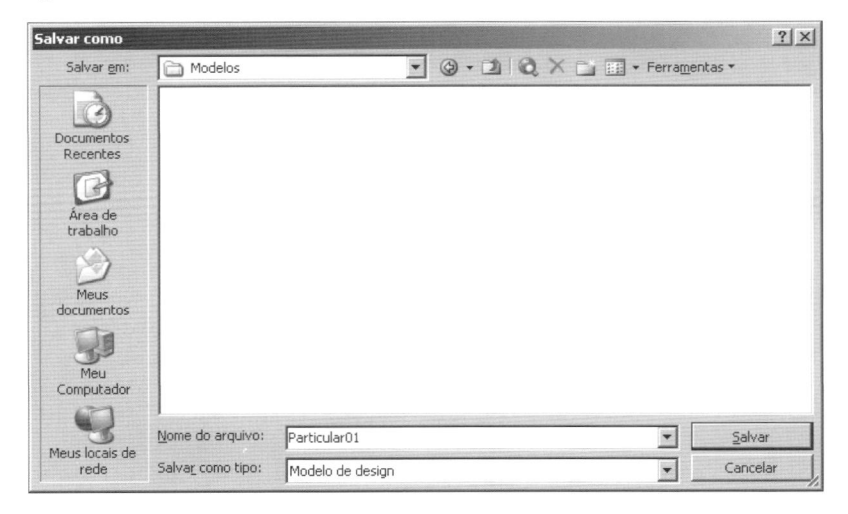

[configurando apresentações]

O aplicativo fornece uma variada gama de efeitos de transição e de animação. O melhor meio de manipular tais efeitos é utilizar o **Modo de Classificação de** *slides* como forma de apresentação da área de trabalho. Para isso, o usuário deve acionar o ícone 🔲, localizado na extremidade inferior esquerda, ou então acionar o comando **Exibir** e selecionar a opção **Classificação de** *slides*. Ao escolher esse modo de exibição, automaticamente são inseridas as ferramentas de classificação de *slides*, as quais facilitarão o trabalho. Em seguida, é preciso acionar o botão Transição e ver o resultado, como mostrado na Figura 11.14.

Figura 11.14 – Classificação de *slides*

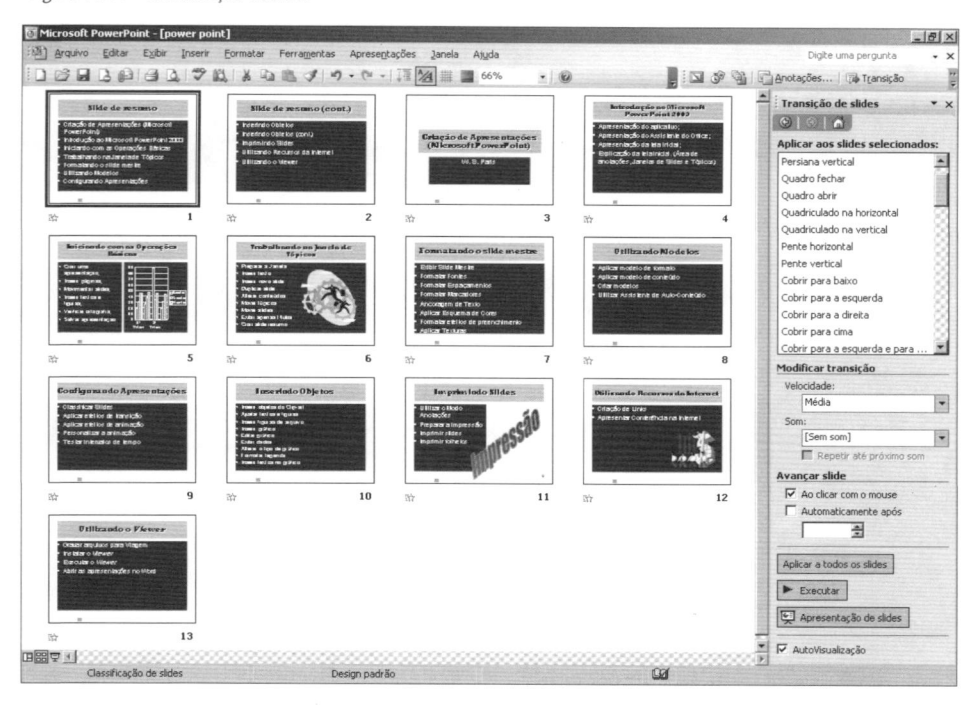

Para utilizar os **efeitos de transição** a partir da janela de **Transição de slides**, o usuário deve fazer suas opções de efeitos de transição, velocidade e som. Ele precisa selecionar também a opção de avanço, isto é, se ocorrerá ao clicar o *mouse* ou automaticamente, em um determinado intervalo de tempo.

Para aplicar **efeitos de animação**, o usuário deve acionar o botão *Design*, localizado na barra de ferramentas de classificação. Em seguida, na janela de ***Design* de *slide***, ele tem que selecionar a opção **Esquemas de animação** e fazer sua escolha.

[inserindo objetos]

Para **inserir objetos do *clip-art***, o usuário deve acionar o *menu* **Inserir**, selecionar a opção **Imagem** e acionar a opção ***Clip-art***. Na janela do ***Clip-art***, ele tem que escolher o objeto, inseri-lo com um clique do *mouse* e, após a inserção, definir o tamanho e o posicionamento no *slide*.

Para **inserir figuras do arquivo**, o processo é semelhante. O usuário deve acionar o *menu* **Inserir**, selecionar a opção **Imagem** e acionar a opção **Do arquivo**. Depois de encontrar o arquivo desejado a partir da caixa de diálogo, ele tem que inseri-lo e manipular tamanho e posicionamento.

O *PowerPoint* oferece um recurso de inserção de gráficos pré-formatados para facilitar esse processo. Para **inserir gráficos** à apresentação, o usuário deve selecionar o *slide* no qual deseja inserir o gráfico, acionar o *menu* **Formatar** e selecionar o comando **Layout do *slide***. Se preferir, ele pode inserir um novo *slide*. Para isso ele precisa selecionar algum dos *layouts* de conteúdo ou um *layout* de textos e conteúdo e ativar o ícone **Gráfico**. Aparecerá um gráfico pré-formatado, com a planilha de dados aberta, conforme mostrado no exemplo da Figura 11.15.

O usuário deve substituir os textos e os valores da planilha utilizando os recursos de **inserir** ou **remover linhas e colunas**. Ele precisa clicar na área do gráfico e definir a formatação mais adequada, podendo editar o gráfico, exibir e alterar os dados, alterar o tipo de gráfico, formatar legenda e inserir textos no gráfico. Para isso, basta acionar o botão direito do *mouse* na área que deseja trabalhar e selecionar um dentre os itens oferecidos.

Figura 11.15 – Inserir gráficos

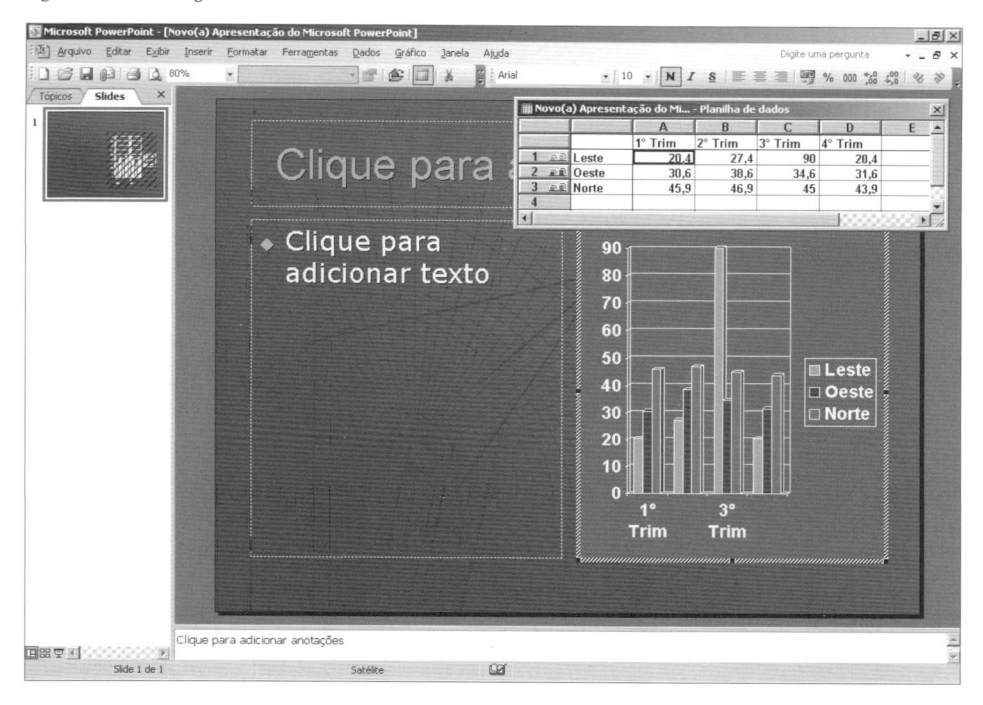

Para **inserir WordArt**, o usuário tem que selecionar o *slide* a ser utilizado, acionar o botão ![], localizado na barra de ferramentas de desenho, na parte inferior da tela, escolher o tipo de letra e digitar o texto correspondente na caixa de diálogo. Após essa operação, será aberta uma caixa de ferramentas do *WordArt*, na qual o usuário poderá manipular a formatação e os textos. A figura a seguir apresenta um exemplo desse processo.

Figura 11.16 - Inserir *WordArt*

O aplicativo possibilita **inserir sons**, **filmes** e **gravar narrativa** de apresentações. Para trabalhar alguma dessas opções, o usuário deve acionar o *menu* **Inserir**, selecionar a opção **Filmes e sons**, acionar o comando desejado e incrementar seu trabalho. A Figura 11.17 mostra as ações dessa rotina.

Outra função que pode ser utilizada é a inserção de botões de ação, que facilitam a navegação durante a apresentação. Para **inserir botões de ação**, é necessário acionar o *menu* **Apresentações**, selecionar a opção **Botões de ação** e escolher o botão de acordo com a necessidade. Se essa operação for executada no *slide* mestre, serão apresentados os botões inseridos.

Figura 11.17– Inserir filmes e sons

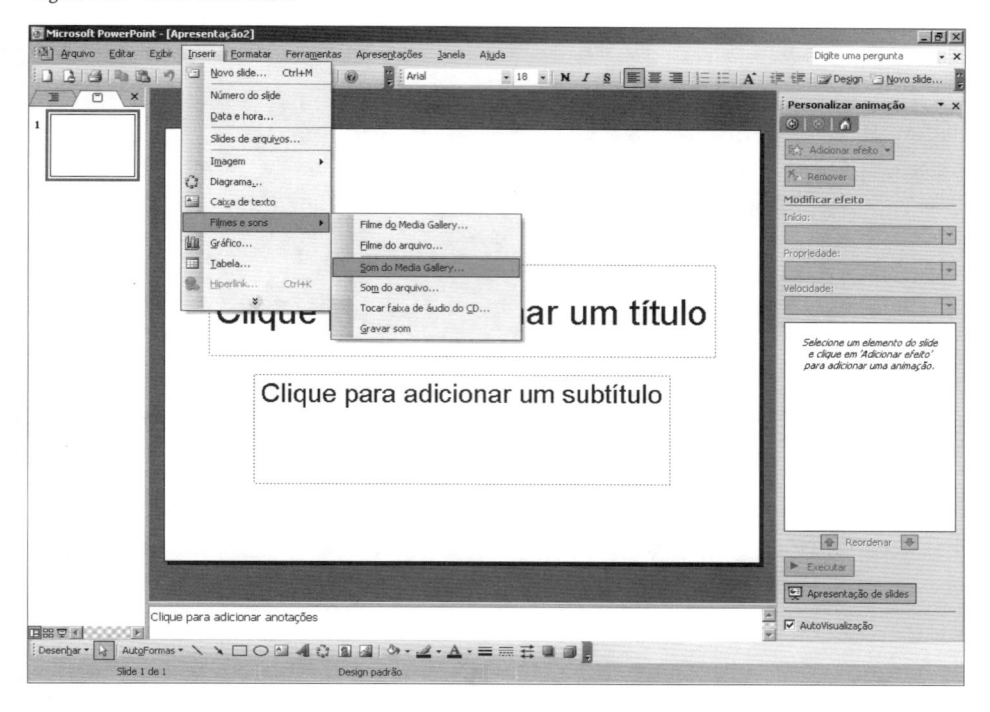

[imprimindo *slides*]

Antes de partir para a impressão das telas, é interessante visualizá-las tal como aparecerão na folha, a fim de escolher a forma de apresentação. Para isso, o usuário deve acionar o *menu* **Arquivo** e selecionar a opção **Visualizar impressão** ou acionar o ícone, localizado na barra de ferramentas. Aparecerá uma nova tela que mostrará a disposição dos *slides* para a impressão, conforme consta na Figura 11.18.

Figura 11.18 – Visualizar impressão

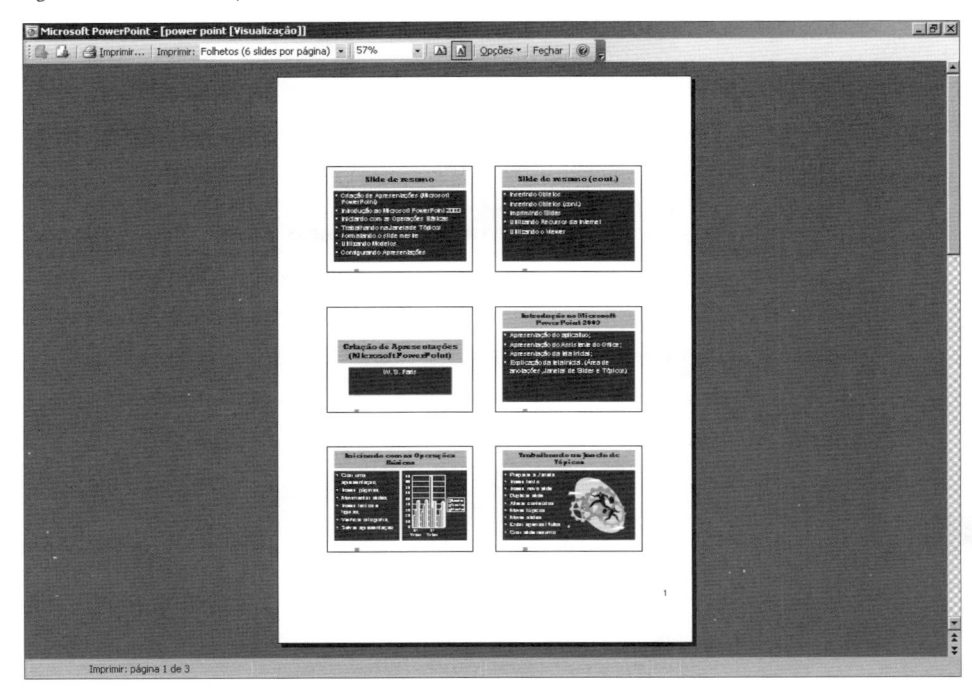

Para **imprimir**, é necessário acionar o *menu* **Arquivo** e selecionar a opção **Imprimir**. Aparecerá uma caixa de diálogo em que o usuário deve escolher a impressora que realizará esse processo, o intervalo de páginas a serem impressas, o número de cópias que deseja imprimir e o formato de impressão. Os formatos são: *Slides*, Folhetos, Anotações e Estrutura de tópicos.

[utilizando recursos da internet]

O *PowerPoint* permite a **criação de *links* para outros arquivos**. Para realizar essa operação, o usuário deve selecionar a palavra ou o texto desejado, acionar o *menu* **Inserir** e selecionar a opção *Hiperlinks* ou acionar o ícone . Dessa mesma maneira ele pode digitar o endereço de um *site* da internet em vez do endereço de um arquivo.

Outra forma de inserir um *hiperlink* para a *internet* é digitar diretamente um endereço de um *site* no texto, e o hiperlink será criado automaticamente pelo *PowerPoint*.

O PowerPoint possui uma **barra de ferramentas da *web***. Para acioná-la, o usuário percisa apenas clicar com o botão direito do *mouse* em algum local da barra de ferramentas e selecionar a opção **Web**. Aparecerá a barra de ferramentas da *web*, que pode ser alocada juntamente com as outras barras de ferramentas, ou com a barra de ferramentas de desenho, ou ainda pode ser deixada flutuante na tela principal.

[resumo do capítulo]

Apresentamos um curso rápido sobre a confecção de uma apresentação em *PowerPoint*. Descrevemos as principais operações realizadas para a criação de *slides* e a manutenção de arquivos com a utilização desse aplicativo. Explicamos ainda como trabalhar com a janela de tópicos e com os demais recursos do *PowerPoint*.

[questões para debate]

1. Qual é a principal função da barra de ferramentas e quais são as opções para sua exibição na tela principal?

2. Como podemos utilizar o Assistente do *Office* e qual é sua função?

3. Qual é a principal vantagem associada ao trabalho com textos utilizando a janela de tópicos?

4. Como podemos criar um *slide* resumo?

5. Quais as opções possíveis quando desejamos inserir imagens na apresentação do *PowerPoint 2003*?

6. O que são as áreas de ancoragem de textos?

7. Qual é a diferença entre efeitos de transição e efeitos de animação?

referências por_capítulo_

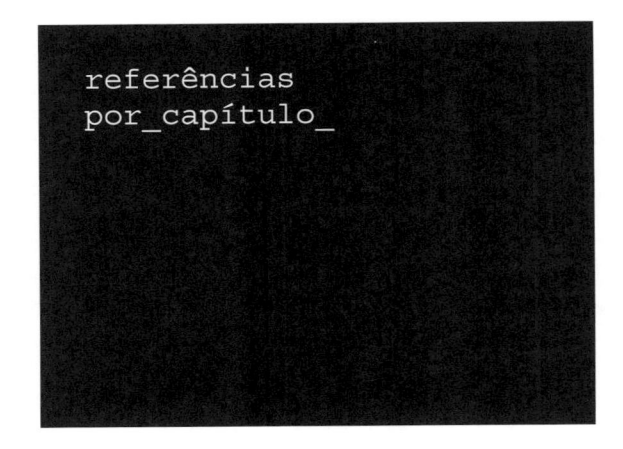

Introdução (parte I)

1. BATISTA, 2004.
2. LAUDON, 1999.

Capítulo I

1. VOGT, 2006.
2. BAGGIO, 2000.
3. GRUPO TELEFÔNICO NO BRASIL, 2007.
4. GASINO, 2002.
5. CDI, 2006.
6. APRENDIZ, 2006.
7. CHIAVENATO, 2005.

Capítulo II

1. BRAGA, 2006.
2. MARIMOTO, 2001.

Capítulo III

1. TURBAN et al., 2003.
2. O'BRIEN, 2001.

Capítulo IV

1. TURBAN et al., 2003.
2. KORTH; SILBERSCHATZ, 1994.
3. STAIR, 2004.
4. Ibid.
5. BATISTA, 2004.
6. Ibid.
7. TURBAN et al., 2003.

Capítulo V

1. SILVEIRA, 1991.
2. TANENBAUM, 1997.
3. Ibid.
4. TURBAN; MCLEAN; WETHERBE, 2004.
5. GALLO, 2003.
6. TANENBAUM, 1997.
7. GALLO, op. cit.
8. Ibid.

Capítulo VI

1. LAUDON, 2001 § TURBAN, 2004 § STAIR; 2004. § O'BRIEN, 2001. § INTERNET SOCIETY, 2006.
2. LUCENA, 2007.

Capítulo VII

1. TURBAN et al., 2003.
2. TURBAN; MCLEAN; WETHERBE, 2004, p. 127.
3. Ibid.

Capítulo VIII

1. CAIÇARA JUNIOR, 2006, p. 137.
2. BEAL, 2005.
3. NBR/ISO/IEC 17799, 2002.
4. CAIÇARA JUNIOR, 2006, p. 143.
5. SÊMOLA, 2003.
6. MODULO SECURITY, 2006.
7. SÊMOLA, 2003.
8. TURBAN; MCLEAN; WETHERBE, 2004.
9. CAIÇARA JUNIOR, 2006, p. 154.
10. MODULO SECURITY, 2006.
11. TURBAN; MCLEAN; WETHERBE, 2004.

referências_

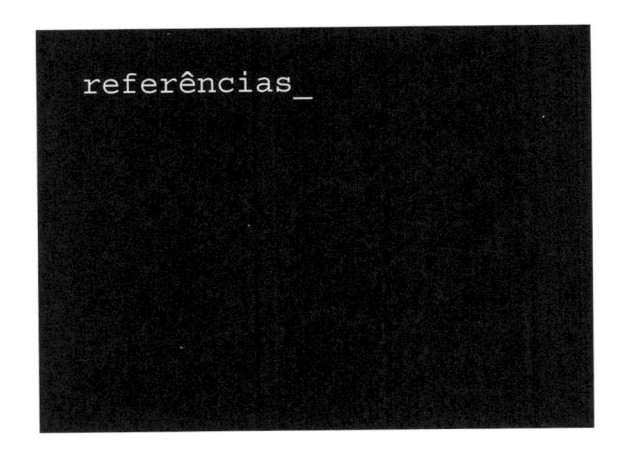

ALBERTIN, A. L. **Administração da informática**: funções e fatores críticos de sucesso. 3. ed. São Paulo: Atlas, 2001.

APRENDIZ. **Complementando o trabalho do chefe**. Disponível em: <http://www1.uol.com.br/aprendiz/n_revistas/revista_profissoes/agosto00/humanas/secretariado/index.htm>. Acesso em: 24 jul. 2006.

AUDY, J. L. N.; BRODBECK, Â. F. **Sistemas de informação**: planejamento e alinhamento estratégico nas organizações. Porto Alegre: Bookman, 2003.

BATISTA, E. de O. **Sistemas de informação**: o uso consciente da tecnologia para o gerenciamento. São Paulo: Saraiva, 2004.

BAGGIO, R. A sociedade da informação e a infoexclusão. **Ciência da Informação**, Brasília, v. 29, n. 2, maio/ago, 2000.

BEAL, A. **Segurança da informação**. São Paulo: Atlas, 2005.

BENAC, M. A. **A implantação de sistemas integrados de gestão**: um estudo de caso na Embratel. Disponível em: <http://www.fae.edu/publicacoes/pdf/art_cie/art_03.pdf>. Acesso em: 10 fev. 2006.

BERTALANFFY, L. V. **Teoria geral dos sistemas**. Petrópolis: Vozes, 1977.

BIO, S. R. **Sistemas de informação**: um enfoque gerencial. São Paulo: Atlas, 1996.

BRAGA, G. M. **Entendendo a nomenclatura PR (Performance Reference)**. Disponível em: <http://www.infowester.com/tutpr.php>. Acesso em: 10 jul. 2006.

BROOKSHEAR, J. G. **Ciência da computação**: uma visão abrangente. 5. ed. Porto Alegre: Bookman, 2000.

CAIÇARA JUNIOR, C. **Sistemas integrados de gestão**: ERP – uma abordagem gerencial. Curitiba: Ibpex, 2006.

CDI. Disponível em: <http://www.cdi.org.br/>. Acesso em: 18 jul. 2006.

CHIAVENATO, I. **Gestão de pessoas**. Rio de Janeiro: Campus, 2005.

DAVENPORT, T. H. **Ecologia da informação**. São Paulo: Futura, 1998.

DIAS, C. **Segurança e auditoria da tecnologia da informação**. Rio de Janeiro: Axcel Books, 2000.

DRUCKER, P. A. **Sociedade capitalista**. São Paulo: Pioneira, 1993.

FOINA, P. R. **Tecnologia de informação**: planejamento e gestão. São Paulo: Atlas, 2001.

GALLO, M. A. **Comunicação entre computadores e tecnologias de rede**. São Paulo: Pioneira Thomson Learning, 2003.

GASINO, W. **O "Esquecedor" e a sociedade da informação**. Disponível em: <http://www.hottopos.com.br/videtur9/esquece.htm>. Acesso em: 18 jan. 2007.

GIL, A. de L. **Segurança em informática**. São Paulo: Atlas, 1995.

GRUPO TELEFÔNICO NO BRASIL. **A sociedade da informação no Brasil**. Presente e perspectivas Grupo Telefônica do Brasil. [s.l.], 2002. Disponível em: <http://telefonica.com.br/sociedadedainformacao/sodciinfo1.htm. Acesso em: 12 jan. 2007.

INTERNET SOCIETY. Disponível em: <http://www.isoc.org>. Acesso em: 30 jan. 2006.

JAMIL, G. L. **Repensando a TI na empresa moderna**. Rio de Janeiro: Axcel Books, 2001.

KORTH, H. F.; SILBERSCHATZ, A. **Sistemas de bancos de dados**. 2. ed. rev. São Paulo: Makron Books, 1994.

LAUDON, K. C.; LAUDON, J. P. **Sistemas de informação**: com internet. 4. ed. Rio de Janeiro: LTC, 1999.

_____. **Gerenciamento de sistemas de informação**. 3. ed. Rio de Janeiro: LTC, 2001.

MARIMOTO, C. E. **Hardware PC**: guia de aprendizagem rápida – configuração, montagem e suporte. 2. ed. Rio de Janeiro: Book Express, 2001.

MODULO SECURITY. Disponível em: <http://modulo.com.br>. Acesso em: 25 jul. 2006.

NBR/ISO/IEC 17799. **Tecnologia da informação**: código de prática para a gestão da segurança da informação. Associação Brasileira de Normas Técnicas – ABNT, 2002.

O'BRIEN, J. A. **Sistemas de informação e as decisões gerenciais na era da internet**. São Paulo: Saraiva, 2001.

REZENDE, D. A. **Tecnologia da informação integrada à inteligência empresarial**: alinhamento estratégico e análise da prática nas organizações. São Paulo: Atlas, 2002.

_____. **Engenharia de software e sistemas de informação**. Rio de Janeiro: Brasport, 1999.

_____; ABREU, A. F. de. **Tecnologia da informação aplicada a sistemas de informação empresariais**: o papel estratégico da informação e dos sistemas de informação nas empresas. São Paulo: Atlas, 2000.

ROSINI, A. M.; PALMISANO, A. **Administração de sistemas de informação e a gestão do conhecimento**. São Paulo: Pioneira Thomson Learning, 2003.

SÊMOLA, M. **Gestão da segurança da informação**: uma visão executiva. Rio de Janeiro: Campus, 2003.

SINGH, H. **Data Warehouse**: conceitos, tecnologias, implementação e gerenciamento. São Paulo: Makron Books, 2001.

STAIR, M. R. **Princípios de sistemas de informação**: uma abordagem gerencial. 4. ed. Rio de Janeiro: LTC, 2004.

SILVEIRA, J. L. da. **Comunicação de dados e sistemas de teleprocessamento**. São Paulo: Makron/McGraw-Hill, 1991.

TANENBAUM, A. S. Redes de computadores. Rio de Janeiro: Campus, 1997.

TURBAN, E. et al. **Administração de tecnologia da informação**: teoria e prática. Rio de Janeiro: Campus, 2003.

TURBAN, E.; MCLEAN, E.; WETHERBE, J. **Tecnologia da informação para gestão**: transformando os negócios na economia. 3. ed. Porto Alegre: Bookman, 2004.

VARAJÃO, Q. J. E. **A arquitectura da gestão de sistemas de informação**. Lisboa: FCA, 1998.

VOGT, C. **Informação e simulacro**. Disponível em: <http://http://www.comciencia.br/reportagens/socinfo/info01.htm>. Acesso em: 19 jul. 2006.

WINDOWS. **Windowsdesktoptimeline**. Disponível em: <http://www.microsoft.com/Windows/WinhistoryPrographic.mspx>. Acesso em: 20 jan. 2007.

:-)

Este livro foi impresso em junho de 2010, pela Reproset Indústria Gráfica, sobre papel *offset* 75 g/m².